MASSIMILIANO STEFFEN

NEL CUORE DELLA CREAZIONE
L'ORIGINE

Youcanprint *Self-Publishing*

Titolo
NEL CUORE DELLA CREAZIONE - L'ORIGINE

Autore
MASSIMILIANO STEFFEN
MASSIMILIANO.STEFFEN@TIN.IT
FACEBOOK: MASSIMILIANO STEFFEN
FACEBOOK GRUPPO: I CUSTODI DI GAIA

Editing, grafica e ritratti canalizzati
EMANUELA SINA
EMANUELASINA@LIBERO.IT

Immagine di copertina
GIUSEPPE RUSSO

Pitture astrali
ANGELA CORACI
ANGELA_CORACI@HOTMAIL.COM

Pitture cosmogoniche
SABINA PAVAN
PAVANSABINA@LIBERO.IT

Stampa
YOUCANPRINT SELF-PUBLISHING - TRICASE (LE)
WWW.YOUCANPRINT.IT - INFO@YOUCANPRINT.IT

© TUTTI I DIRITTI RISERVATI ALL'AUTORE.
NESSUNA PARTE DI QUESTO LIBRO
PUÒ ESSERE RIPRODOTTA SENZA IL PREVENTIVO ASSENSO DELL'AUTORE.

PRIMA EDIZIONE NOVEMBRE 2016

ISBN | 978-88-92642-08-9

INDICE

PREFAZIONE	5
PRESENTAZIONE	7
PREMESSA	11
1. STAZIONE ORBITALE, L'ORIGINE	13
2. IMMERSI NEL TUTTO	31
3. L'ANTICA DIMORA	43
4. IL PIANETA DEGLI ERRANTI	55
5. L'UOMO PERDUTO	65
6. PASSI GIÀ VISSUTI	69
7. LA GRANDE META	77
8. L'ANTICA MISSIONE STELLARE	83
9. IL DRAMMA DELLA CADUTA SPIRITUALE	87
10. IL PORTALE VERSO L'UNO	95
11. NON ABBIATE MAI TIMORE	103
12. MONTE SHASTA, REGNO DI TELOS	107
13. IL CALICE DEL TEMPO	117
14. IL CUORE CHE ACCOGLIE	123
15. RITORNO A CASA	127
16. L'ULTIMA SPERANZA	137
17. IL CAMMINO DEL REINCARNATO NEL TEMPO	143
18. I PADRI CREATORI DELLA VITA	149
19. IL TEMPO È PROSSIMO	153
20. LA DELUSIONE DEGLI EVENTI	157
21. GLI OCCHI DELL'UOMO	159
22. IL DONO PIÙ GRANDE	163
23. UN TEMPO FUTURO	167
24. L'AMORE DELL'ANIMA, L'OTTAVO SIGILLO	171
25. IL PRIMO RAGGIO DELLA RINASCITA	179

26. LA GRAZIA DEL CUORE	183
27. DIRETTO AL TUO CUORE E ALLA TUA ANIMA	189
28. L'ONDA DI ASCENSIONE PLANETARIA	193
CONCLUSIONI	195
RINGRAZIAMENTI	199

La luce di mille stelle ha nutrito la mia anima e rifocillato il mio cuore, infiniti mondi hanno donato la loro materia per i mille abiti che mi hanno rivestito, ma alla fine mi sono innamorato per il mio atto finale d'evoluzione di questa meravigliosa perla cosmica che voi chiamate Terra.

Presentazione

Io Sono, Massimiliano Steffen

Con questo nome mi presento in questa mia Vita terrena, in vibrazione mi rappresenta in questo spazio-tempo e dimensione di esistenza, nella mia totalità di essere senziente e pienamente consapevole di "ciò che sono".

Con questo testo dettato dalle mie esperienze in piani astrali eterici, dimensionali, paralleli, regioni spirituali e nella sorgente dell'Uno, non intendo contrastare ciò che con fatica hai appreso da questo mondo! Non intendo oppormi al tuo credo, pratiche religiose e spirituali, né innalzarmi al di sopra della tua conoscenza e consapevolezza, ma offrirti una visione diversa. Sarà il tuo discernimento a valutarne la veridicità nel corso di questa lettura, a rivelarti tutto ciò che sei.

Corpo, Mente, Anima e Spirito, il tutto coadiuvato dalla tua Guida, troveranno dei punti di accesso per collaborare tra di loro, delle porte attraverso le quali avverrà un allineamento, che ti permetterà di comprendere attraverso la tua nuova razionalità, quelle note vibranti che ti daranno accesso al tuo Sé.

Ciò ti darà consapevolezza diretta, alla somma verità, lasciati scivolare nei cieli interiori, lascia fuori di te tutto ciò che non È! Segui quella magica corrente spirituale che ti immergerà nella Sorgente dell'Uno.

Non Ti viene chiesto di compiere il miracolo ma un minimo di sforzo nell'andare oltre Te stesso "sì" altrimenti non si resta altro di ciò che si È!

Non Ti viene chiesto di camminare per le strade a portare la Verità!

Ti viene chiesto solo di lasciarla entrare in Te se ti risuona, poiché l'opera si realizza nel singolo anche se fa già parte di un gruppo che ricerca la stessa verità, prima il seme poi l'albero e infine il frutto coronerà il grande albero della Vita!

Premessa

Caro lettore mi rivolgo a Te, rammentandoti che ogni volta che leggerai la parola, Dio, il Creatore, la Fonte, l'Energia Creativa, la Forza, il Padre-Madre, il Potere Creante, l'Uno, la Sorgente… non ho fatto altro che, rapportarmi alle varie religioni o credo che regnano sulla Terra, che diversificano ciò che si riferisce allo stesso concetto, tutti fanno riferimento alla stessa Essenza Cosmica.

Quella vastità, che regna in ogni cosa, che vive e che ti sembra apparentemente inerte, nella roccia, nel filo d'erba, nell'albero, nell'acqua, nel vento, nella terra, nel fuoco, in ogni dimensione della Creazione, in ogni Mondo, Galassia, Universo, Cosmo, vive lo stesso spirito creante. Ogni volta che leggerai questi nomi di Dio pensa al Tutto esistente, ma soprattutto mio/a caro/a pensa che mi sto riferendo a Te nella tua Anima e al tuo Spirito, al tuo più intimo e recondito luogo, nel tuo cuore, giaciglio della tua Divinità, alla quale rivolgerò la mia conoscenza, nella lingua del puro Amore. Che tu possa accogliere ogni pensiero, come se fossi figlio mio, perché ciò che voglio per te è che tu possa accendere quella Sacra Scintilla, in tutta la sua bellezza, come un fiore che sta per sbocciare alla Vita. Voglio portarti là, dove tutto prende un nuovo significato, dove appare nel suo nuovo splendore, nella più pura bellezza, la stessa che fu posta dentro il tuo Tempio Vitale, dove tutto ciò che poteva essere Sarà!

Alla fine di questo testo attraverso la tua nuova Scienza dello Spirito, ti accorgerai che tu stesso sei un frammento di Dio forgiato nella Luce Suono della Fonte.

Chi sei Tu? Chi sono Io?

Sì, ora rammento all'inizio del non-tempo, nella pura coscienza quando presi consapevolezza di me stesso, sentii un'esplosione d'amore, così vasta, senza più confini! Era meraviglioso, ma presto compresi nella mia unicità che io soltanto lo avrei vissuto!

Fu la grande solitudine a creare l'impulso di creazione nella mia presenza. Allora scelsi di creare in Me una separazione, creai un'altra essenza uguale a Me, cosicché un'altra parte di Me stesso sentiva ciò che sentivo Io! Poi in un istante tutto improvvisamente esplose, creando infinite repliche di Me stesso, dove ognuna in un lontano tempo avrebbe riconosciuto un amore grande come quello che prova un Dio… è da allora che il processo continua a replicarsi… eternamente!

Tu sei il vero miracolo dell'intera creazione! "In quanto esisti" Tu sei Vita! Si può morire a se stessi per risorgere alla propria grande verità divina?

Quanto ancora per iniziare a vivere davvero?

Nell'"Io Sono" della coscienza unitaria vi è separazione e individualità,

nell'"Io Sono Dio" nasce la coerenza quantica nella consapevolezza dell'origine di una Monade frammentaria.

Nell'"Io Sono Esattamente come Te" nasce l'Unità.

Poniti come se attraverso i sensi fisici che integrano il tuo corpo, la tua Anima potesse godere del tuo veicolo ma al contempo questo non sia una prigione che la obbliga nel restare confinata nel piano fisico, lascia fluire in te la brezza che ti porterà a essere unificato nella creazione stessa, cosicché quella vastità rappresenti il tuo intero corpo, ormai spoglio di ogni confine, fisico mentale ed energo-aurico, poiché i confini appartengono alla mente umana sposterai la tua percezione interiore nella mente cosmica alla quale tutto è connesso in un magico abbraccio dell'Uno.

Amerai te stesso

A te che porrai lo sguardo su queste pagine in questo giorno meraviglioso, dove le tue energie fluiranno in armonia creando una risonanza d'amore, ti parlerò attraverso il verbo del cuore, possa esso essere accolto come il mare, che nel suo eterno movimento supporta la vita, possano esse in te manifestare una nuova esistenza, ma sappi che ciò che ti rivelerò potrà destare la tua struttura convinzionale, su certi aspetti della vita che hai sempre considerato ferree verità!

La rivelazione che otterrai potrà portare nella tua esistenza una nuova armonia, ed è ciò che io desidero per la tua vita, e poiché ogni conoscenza ti sarà di aiuto, il destino ha voluto che tu oggi ti ritrovassi a leggere le mie parole!

Il sincronico movimento dell'universo ha voluto che tu possa ambire alla tua liberazione concettuale, per porti in un nuovo ordine di pensiero, comincerai a farlo prendendo in considerazione il fatto, che tu possa innamorarti di te stesso!

E credimi sarà un'opera meravigliosa, in quanto tutto in te cambierà e finalmente apparirà nella sua profonda verità!

Come conoscere l'amore se non vivendolo dentro se stessi per se stessi?

Come si può amare altri se non hai imparato ad amare prima te stesso?

Come puoi vedere e riconoscere l'amore se non ne hai compreso l'immenso potere che ha nel plasmare il cammino davanti a te?

Come puoi vivere senza che l'amore sia parte della tua vita, poiché esso è la linfa lucente che darà un senso alla tua esistenza?

Come puoi non riconoscere la forza creativa che tutto ha generato, te compreso?

Come puoi non riconoscere l'elemento propulsivo che amalgama l'intero esistere creativo, che dalla sede centrale dell'universo porta i messaggeri cosmici a dare atto di vita ai Mondi?

Prefazione

Questo testo è la continuazione correlata alla prima opera, nasce dall'esigenza di condividere con tutti gli abitanti di questo globo, quelle chiare realtà, che mi è stato concesso conoscere, attraverso quelle porte interiori che ti connettono con l'infinito e agli esseri cosmici emanati dallo stesso Principio Creante che hanno già realizzato l'unione con i Piani Spirituali.

Cara Anima ti auguro di trovare in questo testo tutto quello di cui la tua essenza necessita, per infonderti nuovo coraggio e speranza, mentre cammini nel tempo di questa Terra, in cerca di te stesso, e nel tuo realizzarti!

Che ogni mio concetto e mezzo d'espressione possa trovare chiarezza nella tua interiorità, e nella semplicità compreso e messo in opera nel tuo cammino di vita, ricorda!

Non esiste uomo povero se non colui che vuole restare cieco nelle proprie convinzioni, che l'imperfezione del mondo gli ha inculcato, la vera ricchezza sta nella continua trasformazione verso il raggiungimento della più alta perfezione interiore!

Questo è il concetto stesso dell'evoluzione umana!

Riscoprire una verità sempre più precisa, e in linea con lo schema del progetto originale, che la Fonte emanò, creando un viaggio per l'essere umano dilatato all'infinito.

Buona Lettura.

Capitolo Uno

STAZIONE ORBITALE, L'ORIGINE!

- 23 novembre 2014 -

Sono le ore 6:15, suona la sveglia, devo partire per un congresso che tratta "la Via della Spiritualità" a Genova... mentre sto per alzarmi sento una voce femminile parlarmi interiormente: «Fermo! Stai fermo!»

Dallo sgomento improvviso mi paralizzo e comincio a sentire il mio corpo risuonare di una vibrazione inconsueta, un calore vibrante mi pervade dai piedi fino alla sommità del capo, in un istante mi trovo nel solito luogo dove c'è un ancestrale portale verso l'infinito, una magica lastra di pietra sotterrata da tempo immemore, dall'era lemuriana.

È mattino presto, l'alba, sento la stessa voce parlarmi ancora: «Ora osserva su nel cielo!» Volgo il mio sguardo in alto tra le nubi e vedo una nave di luce bianchissima con riflessi dorati, poi si manifesta un ologramma, in cui si vedono chiaramente oggetti volanti luminosi inseguiti da aerei militari terrestri, che sparano violentemente contro questi dischi e ne colpiscono due, in eventi non correlati, due razze diverse, facendoli cadere a terra e nella proiezione vedo i militari recuperare tutto, compresi gli esseri fisici e occultarne ogni traccia.

Poi la voce mi parla nuovamente: «Mio caro come ben sai, siamo una comunità di esseri stellari che provengono dalle più remote regioni del cosmo. Una forza che ancora l'uomo non conosce appieno ci ha spinto ad attraversare spazi immensi per giungere qui ad aiutare il pianeta e coloro che in superficie vivono. Siamo accomunati da un grande senso di fraterna solidarietà per gli esseri dei mondi in difficoltà, per quello che incontrano attraverso le ere della loro evoluzione, specialmente in questo tempo di passaggio di risonanza armonica nella progressione infinita dell'universo per l'elevazione della razza umana; nel nostro profondo altruismo siamo qui presenti a milioni in nome dell'Amore.

Quando scendiamo con i nostri veicoli per supportare l'umanità nel suo cammino evolutivo, uomini delle milizie terrene ci inseguono per attaccarci, per abbatterci e impadronirsi delle infinite tecnologie che possediamo, che abbiamo realizzato nel corso dei nostri millenni di evoluzione consapevole, non per impiegarle nelle guerre, ma per poterci spingere nei più remoti angoli della creazione per aiutare le creature deboli di spirito e povere di cuore. Noi che apparteniamo a dimensioni di vibrazioni superiori, non fisiche come la vostra non abbiamo di che temere, ma vi sono anche esseri che sono di III° dimensione come voi, e non sempre riescono a sfuggire. Noi non attaccheremmo nemmeno per autodifesa per non far del male a nessuno, a costo della nostra stessa sicurezza. Nel corso di questo anno ben due velivoli di queste due razze che stai osservando appartenenti alla III° e alla vibrazione più adiacente alla vostra sono stati abbattuti, nonostante comunicarono ai piloti terreni che venivano in nome della pace e dell'amore... ma questi piloti umani eseguivano ordini dettati dalla bramosia di potere di altri esseri vittime di un'assente sanità mentale al di sopra di loro. Conosciamo bene cosa provarono nel cuore a eseguire quelle azioni mentre strappavano il miracolo della vita ai nostri fratelli, azioni che andavano contro il loro stesso volere, ma che dovettero eseguire, sappiamo quante invisibili lacrime di rimorso hanno versato, ma tutti noi amiamo anche loro ben consci delle loro ragioni. Nonostante questo, nessuno delle Legioni Stellari ha mai abbandonato il suo compito, continueremo a guidare l'uomo fino al raggiungimento della sua Nuova Era Spirituale, continueremo a guidarlo nel suo incerto cammino.»

Poi sento qualcosa di strano materializzarsi sotto i piedi: una lastra rotonda, nera, circondata da un anello di luce blu, ed ecco che al mio fianco destro appare lei: una splendida creatura, molto più alta di me, con i capelli lunghi neri e una divisa nera con una cintura apparentemente di metallo con un ovale dorato al centro. Mi guarda, io rimango ammaliato dai suoi splendidi occhi di smeraldo molto grandi, mi sorride in un modo tale mentre esprime una tenerezza meravigliosa che definirei "un dolce candore" per la mia anima. Mi saluta chiamandomi per nome, e mentre lo pronuncia china il capo leggermente in avanti.

«Sono davvero felice di rivederti dopo così tanto tempo.»

Io rimango senza parole... non me la ricordavo... non sapevo chi fosse!

Anche se uno strano senso interiore mi coinvolge notevolmente mentre sono dinnanzi a lei - credo che devo ancora ricordare molte cose della mia remota esistenza.

Lei sale al mio fianco senza mai distaccare lo sguardo, poi l'anello comincia a ruotare e a creare una sorta di protezione esterna, quattro steli bianchi ci circondano creando una sorta di capsula, poi in un balzo fulmineo, saliamo al cielo, è trasparente vedo tutto come in un ascensore di cristallo esente dalla forza di gravità, in poco più di qualche secondo siamo nello spazio esterno, sotto di me vedo la Terra allontanarsi velocemente, il sole apparire dietro la Terra mostrandomi la superficie in tutta la sua bellezza e i suoi colori, un pianeta bellissimo: «Se solo tu potessi vederlo realmente come si presenta nella sua naturale espressione, e non attraverso un'immagine, te ne innamoreresti istantaneamente». Sopra di noi un grande disco bianco ci accoglie, la protezione svanisce assorbendosi in se stessa lasciandoci all'interno del veicolo stellare. Lei mi tiene la mano mentre mi osserva mostrandomi il suo affetto, la mia Anima riesce ad ascoltare ciò che per me è un'incognita, provo delle sensazioni così strane, tutto è nuovamente così oltre il mio ordinario sentire terreno, era da tempo che non avevo esperienze così emotivamente forti che mi coinvolgevano personalmente nel mio profondo!

Mi accompagna verso la stanza di guida, almeno credo, non vi è nessuno strumento tecnologico, come se tutto fosse a guida mentale, solo un ragazzo giovanissimo seduto su un trampolo stranissimo fissa la direzione di avanzamento, mentre lo guardo osservare ologrammi davanti a lui, un riflesso colpisce i miei occhi e lei mi dice: «Siamo arrivati! Guarda un pezzo di casa nostra!»

Mi volto verso la vetrata, mi si blocca il respiro: una stazione orbitale di immensa grandezza, l'ammiro in tutta la sua bellezza, mentre ci avviciniamo vedo la sua struttura discoidale sormontata non da una cupola fisica ma composta da un qualche tipo di energia che limita la fuoriuscita dell'atmosfera e in qualche modo crea una sorta di protezione atmosferica per la Vita.

Ciò che si presenta davanti ai miei occhi sfugge a ogni legge della nostra attuale fisica, vedo montagne altissime, laghi immensi, fiumi rigogliosi, foreste di una vitalità che ti rapiscono gli occhi, e moltissime città lucenti, un intero sistema vitale lì nello spazio vuoto. Sono ammutolito mentre in me tutti i livelli del tempo si unificano in quel presente, sono in contemplazione mentre godo di quella visione, quell'incanto è posizionato in modo da ricevere la luce del sole, che in quella dimensione di esistenza emana una luce che ha una componente vibrazionale differente, sembra rispecchiare un'interiorità più elevata, è in quell'istante che comprendo l'esistenza di sfere solari concentriche dalle molteplici dimensioni emanate dal cuore solare, coesistenti nelle varie vibrazioni, ognuna delle quali rispecchia il flusso della vita illuminata e sostenuta nelle medesime. Mentre osservo quello spicchio di mondo, noto che vi sono addirittura delle nubi, ella ha ragione sembra un pezzo di pianeta. Le uniche parole che io riesco a proferire sono: «È immensa e meravigliosa!»

Lei mi dice: «La sua grandezza è circa la metà di quella della vostra luna.» (Diametro della Luna 3.476 km) Si evince che la sua grandezza è almeno di 1.700 km!

Mentre parliamo ci stiamo avvicinando velocemente immergendoci in un manto di energia azzurra di limitazione, attraversiamo la loro atmosfera, scendiamo in uno spazio dedicato ai loro velivoli, ve ne sono moltissimi, bianchi come perle. Scendiamo senza creare alcun rumore, una volta fermi con una mano sulla spalla mi accompagna verso l'apertura che si sta aprendo e usciamo! Ma non vi sono scalette, il disco si è per metà inglobato nella pavimentazione di quell'area di atterraggio, come se il basamento sottostante non fosse solido ma mobile, e accogliesse il veicolo nella sua parte inferiore. Esco fuori, respiro a pieni polmoni ed è come la stessa aria che respiriamo noi sulla Terra, ma questa è estremamente pulita e ossigenata.

In quell'istante una riflessione: come riusciamo a privarci dei piaceri della vita distruggendo e inquinando tutto ciò che sostiene la nostra vita e il nostro benessere? È come se la collettività umana globale stesse lentamente realizzando il proprio suicidio di massa, senza rendersene conto o più semplicemente stia ricevendo esattamente tramite la legge di causa effetto dell'universo, la conseguenza delle proprie azioni. Poi osservo immobile quel cielo dalle nubi rosate e azzurre, uno stranissimo cielo che lascia visibili le stelle nonostante ci sia la luce del sole. Loro sono molto simili nell'aspetto alla razza umana, ma leggermente orientali nello sguardo con grandi occhi che brillano di sole, sono molto alti e tutti hanno nel proprio sguardo un potere interiore che ti rapisce l'anima! Alcuni di loro mi avvicinano facendo un gesto in segno di saluto, la mano destra sul loro cuore e la sinistra rivolta verso di me come a dirmi: «Ti saluto in nome dell'amore che vive nel mio cuore e accolgo quello che tu hai dentro di te in me.»

Immagine Angela Coraci

Sento addirittura la vibrazione di quel fluido divino scivolarmi dentro il mio cuore vitale. Mentre sono rapito da quella realtà lei mi dice: «Ora ti porterò da mio padre, anche lui sarà felice di rivederti!» Non so il perché ma durante tutta l'esperienza, non ho mai avuto il coraggio di chiedere come mai mi conoscano.

È come se una parte recondita della mia coscienza sapesse già tutto! Continuo a fare le mie riflessioni cercando di carpire qualcosa... ma per il momento nulla mi arriva.

Percorriamo un lungo viale accanto a delle piccole costruzioni, che sembrano civili e molto armoniose nelle loro forme, tutto è avvolto da fiori e piante ornamentali meravigliose,

Immagine Vito Vitulli

mentre cammino vedo lungo il percorso un gruppo di bambini che giocano allegramente, si fermano di scatto a fissarmi incuriositi, e poi scoppiano a ridere gioiosamente venendomi vicino e toccandomi. Sono pervaso dalla loro allegria, sono così belli e liberi nel loro esprimersi, che la loro energia pulita e leggiadra mi investe facendomi notare come in loro non ci sia traccia di emozioni negative: sono in perfetto equilibrio nell'espressione di un essere vivente che si esprime nel suo divino.

Con loro vi è una giovane donna che li accompagna e mi guarda con riverenza chinando il capo, mantiene il suo sguardo nel mio. Faccio lo stesso con lei, mentre noi ci allontaniamo mi dice una parola stranissima, credo sia il suo modo per salutare *(sai tiki)* ma non fui mai certo del suo significato. Mi volgo oltre ed entrambi proseguiamo verso un piccolo palazzo, con una grande copertura di fronte, come se fosse stato un piccolo anfiteatro. Tutto è perfettamente adorno di fregi arborei, vi è una fontana al centro della corte, al suo interno la statua di una donna ricoperta di soli veli con una brocca tra le mani che rifulge acqua azzurra, avrei detto che fosse una persona reale dalle fattezze della pelle, dettagliata in tutte le sue parti; il tutto sovrastato da rampicanti floreali meravigliosi, poi ci dirigiamo verso una specie di seggio a ferro di cavallo, e lei mi dice di aspettare lì e che va a chiamare suo padre. Mentre si volge verso quella costruzione egli esce e viene verso di me, è un uomo dall'apparente età di 40 anni, indossa una tunica bianca leggermente azzurrata, con ornamenti blu cobalto e un sole d'oro sul cuore che irradia luminescenza vitale.

Mi viene incontro a braccia aperte come se ci conoscessimo da chissà quanto tempo, e mi abbraccia fortissimo mentre il mio capo è poco sotto il suo cuore. Cerco di fare la stessa cosa, ma le mie braccia sembrano di gelatina mentre la mia mente si è fermata in quel tempo. Poi con un braccio sulle mie spalle mi invita a sedermi, mentre sua figlia con una coppa in mano, offrendomela la pone tra le mie mani, la porto alla bocca: è acqua molto saporita e di una trasparenza che la rende quasi impercettibile, inebriato la sorseggio tutta, mentre lei si è messa al centro di questo seggio osservandoci curiosamente.

Lui si porge verso di me e tenendomi le mani con voce decisa mi dice: «Ho aspettato secoli del nostro tempo, ma finalmente ti ho tra le mie braccia! Ne sono così felice! Nelle tue incarnazioni precedenti ben poche volte il tuo centro vibrava a sufficienza affinché ritornassi a essere compatibile con la nostra realtà, ma ora il tuo cristallo interiore si è riconosciuto nella sostanza divina che vivifica lo Spirito negli esseri senzienti, cosicché questa volta finalmente potessi ritornare con noi fisicamente.»

Sono veramente contento di ritrovarmi lì con loro, ma non ho il coraggio di dirgli che non ricordo quasi nulla.

«Il mio nome è Jonar e lei è mia figlia Tylaiel.»

Rivolgendomi a lei e spontaneamente le chiedo:

«E tua madre dov'è?»

«Imril, è in missione sulla Terra ormai da molti anni, ci manca molto, di tanto in tanto ci rechiamo da lei, ma ella non ci vede e non ci sente, raramente ci percepisce nei sogni! Facciamo anche questo per il bene dell'umanità, ci priviamo dei nostri stessi affetti, consapevoli che un giorno torneremo tutti insieme.»

Poi Jonar mi dice: «Avrai notato quelle giovani luci giocare allegramente!»

«Ah sì, i bambini dai raggi di cielo, sì certo mio caro Jonar li ho notati con attenzione!»

«Che cosa ti ha colpito di loro?»

«Beh ho potuto assaporare la loro gioia in quei pochi istanti in cui ho condiviso con loro dolcezza, l'allegria e la spensieratezza traspare notevolmente.»

Lui mi dice: «Vedi mio caro, loro non hanno mai vissuto in piani duali così densi come sul pianeta Terra, la loro Anima non ha esperienza di vita nel risolvere difficoltà così forti come si realizzano laggiù, ed è per questo che sono molto fragili, quando si trovano dinnanzi alle forze duali, interagiscono in loro con potere magnetico, sia nell'una che nell'altra polarità. Sono anime pure senza bagaglio karmico, ma per questo molto suscettibili a entrambe le energie, è per questo motivo che vige un'estremizzazione nelle basse vibrazioni nelle giovani leve sulla Terra, che si lasciano pilotare in drammi pesanti. Dovreste essere voi, leve più mature a capire che loro hanno bisogno di una guida energeticamente polarizzata verso l'amore, altrimenti se lasciati a se stessi falliranno facilmente, se inseriti in un ambiente energeticamente malsano, non hanno un bagaglio esperienziale sufficiente, che permetta loro di sentire in che direzione porsi, ma se li sosterrete con dolcezza non alterando la loro armonia interiore e la loro Matrice Divina realizzeranno se stessi in tutto il loro potenziale: saranno portatori di grandi rivelazioni che dilagheranno in ogni settore dell'umanità espandendo la cultura umana verso il potere dell'Amore e traghettandola verso la manifestazione di un mondo felice. Soltanto se riuscirete a mantenere la loro Purezza Interiore vi riusciranno, poiché attraverseranno i confini dei vostri cieli per giungere in vostro soccorso, porteranno a trasmutare le coscienze umane, sappiate riconoscere il grande valore divenendo consapevolmente i loro Custodi Terreni.

Quel piccolo gruppo che tu hai incontrato presto scenderà sul pianeta per l'incarnazione fisica per mezzo di una tecnologia che non potete comprendere, una tecnica basata su vibrazioni convogliate nella Stilla dell'anima. Presto quella gioia che tu hai percepito verrà messa da parte per lungo tempo in attesa che avvenga il momento propizio, nel potere della sua piena manifestazione. Li mandiamo con estrema gioia, come in tempi molto antichi abbiamo mandato voi, perché della razza umana ne conosceste tutta l'evoluzione attraverso le ere della storia del mondo, tu già hai rammentato molte cose, ma altrettante verranno a te quando sarai pronto, nel manifestare di una coscienza sempre più profonda. Siete stati dettagliatamente seguiti in tutte le vostre incarnazioni, per essere guidati a sperimentare ogni tipo di situazione, per disperata che fosse ne guadagnaste un'immensa esperienza. Quando l'uomo comincerà a considerarsi al di là della fisicità, della singolarità di un'unica vita, comprenderà che la sua evoluzione è dettata da milioni di Soffi Vitali nella materia, per raggiungere un grado di espressione sufficiente a poter ambire al nuovo passaggio, che avverrà soltanto dopo aver assaporato tutto ciò che è manifesto nei campi della dualità, questi ultimi tempi sono i più esasperanti sul piano emotivo e psicologico, gettando la vostra coscienza sull'orlo dei più spaventosi precipizi, poiché viene continuamente alimentata da informazioni ed eventi che accendono la paura nei cuori umani. Ma è proprio nel frangente di quello stato interiore che scatta la spinta necessaria, a comprendere il perché di ogni accadimento!» Ogni uomo sulla Terra, dovrebbe coscientemente attuale la sua pratica di salvazione attraverso l'arte dell'attenzione, che si pratica nella sfera del silenzio, solo così avviene il vero ritrovamento interiore, ed è in quello spazio sacro e nella forza onnipresente che trovi il nucleo esistenziale della vita, che nella sua voce ti detta tutte le risposte alle incognite dell'esistenza, nella trascesa dell'identità individuale esplori lo spirito che è lo specchio di Dio, avete perso quella virtù in cui a ogni giorno dovreste avere meraviglia della vita, ma così non è sul pianeta che ora abiti, è in tale modo che insorge un paradosso nella vita stessa, l'essere umano dovrà intraprendere il cammino dell'esploratore di silenzi per domare un abitacolo mente/emozione che soffre di impulsività reattiva, questo stato condizionato soffoca l'anima, poiché il suo giaciglio è la quiete nutritevi di serenità, nella vita non c'è tempo da gettar via e felicità a cui rinunciare, lo scopo della vita di questo tempo è conoscere il soffio di Dio in tutti gli aspetti che dimorano nell'entità umana, la scienza terrestre impiegherà secoli prima che sia in grado di dare una risposta concreta al significato della vita, poiché si è rifugiata negli dei delle religioni che hanno creato l'uomo a sua immagine e somiglianza, ma nella sua piccolezza l'umanità non ha considerato che la reale forza che tutto porta alla vita è perennemente presente in ogni spazio e dimensione, in ogni tempo e soprattutto in ogni essere vivente, è un po' come ingannare se stessi e far finta di recitare una parte da palcoscenico, e con questo sistema hanno irretito l'intero mondo, non vi resta altro che riappropriarvi della vostra libertà interiore, solo così ciò che si manifesterà nella vostra coscienza sarà molto più grande di qualsiasi idea vi siate fatti di Dio, la vera spiritualità è l'amore più puro, figlio dell'Universo:

Tu sei semplicemente un Dio anonimo che ha vissuto sulla Terra.

Tu sei semplicemente la pura Luce che ha desiderato essere viva nel suo colore più brillante.

Tu sei semplicemente il Suono che ha voluto penetrare i cieli dell'Universo. Tu sei semplicemente l'Amore che ha voluto unificare tutto quanto dentro di sé, sei l'incanto l'emozione racchiusa nel bocciolo di un fiore e la dolcezza del miele più puro. Tu sei l'infinito senza confini poiché in te vive il cuore dell'immenso Creato, e l'immagine dell'idea che lo ha realizzato.

Poi Jonar lascia le mie mani mentre i miei occhi sono sbarrati nei suoi colmi di lacrime, passano alcuni minuti in cui i nostri occhi aprono la porta dell'anima, e nel silenzio si instaura il dialogo più bello che abbia mai avuto in vita, un fiume di emozioni e di ciò che mai avremmo potuto esprimere in un linguaggio verbale. Le sue parole sembrano prendere forme sottili di geometria celeste, poiché quel dialogo è elargito dal suo alto Sé verso il mio, le due essenza divine una di fronte all'altra mentre lasciano lo spazio al dialogo del proprio Dio interiore, poi ci ritiriamo dai cieli celesti della bellezza suprema per riassorbirci nella materia corporea di quella dimensione in un abbraccio sublime. Poi Tylaiel mi dice attraverso uno sguardo meraviglioso e un suono colmo di emozione: «Ora ti porterò in un luogo che ti farà ritrovare la connessione con la tua vera Mente Spirituale». Allora lo saluto in un altro tenero abbraccio con il timore di non rivederlo più, ma lui lo avverte, il suo sguardo parla più di mille parole!

Mi dice: «La vita fisica è il più grande dono del creato nell'apice della densità, dove la parte più elevata dell'essere coscienza prende espressione nel tessuto della realtà, dove prendono vita nuove Filature del Pensiero nella manifestazione di una vera Maturità Spirituale. È lì che si tessono le illuminazioni dei segreti del creato e il mistero svelato vivifica il cristallo romboidale del cuore. Buon ritorno a casa, capirai presto le mie parole!»

Ci alziamo e lei mi conduce a poche decine di metri da lì attraversando un sentiero costellato di fiori incantevoli, giungiamo in un giardino attorniato da piante rigogliose, e piccole cascate d'acqua: al centro vi è una struttura piatta fatta di quello strano cristallo nero. Si volta verso di me dicendo: «Non temere», ci saliamo sopra e nello stesso istante mi trovo assieme a lei sulla cima di un monte, è una sorta di teletrasporto. Ci ritroviamo in luogo in cui vi è uno spiazzo ricoperto di pietra verde scura e archi di fattezza divina, decorati chissà da quale eccelsa mente artistica, e vi sono tre strani veicoli molto piccoli della dimensione di 6 o 7 metri. Hanno due posti, nessun comando, e nessun bottone o lucina, nulla di tecnologico.

Saliamo entrambi, lei alla mia destra, mi guarda e dice sorridendo: «Su, che aspetti?»

Io sbarro gli occhi e le rispondo: «Ma io non ho idea di come si faccia a pilotare questo veicolo!»

«Va bene ti faciliterò la cosa», davanti a me appare una cloche simile a quella dei nostri aerei «Così va meglio? Non aver paura vi è un dispositivo infallibile che impedisce qualsiasi errore! Poi ci sono io accanto a te.» I suoi occhi si illuminano e ripete: «Accanto a te!» Io ho brividi in tutto il corpo ma ancora non riesco a ricordarmi nulla, la sua energia è molto forte e la percepisco come se la conoscessi da sempre, come in uno strappo nel tempo sta per arrivarmi un frammento antico di un ricordo, quando mi interrompe e dice: «Questa navetta si connette alla tua coscienza, sei tu che devi realizzarlo, ok prendi la cloche e vai.» Sotto di me vi è una foresta lungo la dorsale del monte avvolto da alberi enormi, lei sente il mio pensiero e dice: «Fallo!» Afferro con forza la leva e spingo delicatamente in avanti, si solleva e comincia a muoversi, scivola giù per quel monte, prende velocità, cerco di correggere, mi rendo conto che il veicolo mi impedisce false manovre là dove sbaglio. Una lieve paura e l'adrenalina si mischiano. Prendo ben presto la mano e comincio davvero a divertirmi, a un certo punto mi alzo al di sopra della foresta planandoci sopra arrivando al fondo dove vi è un lago enorme. Plano e alla fine di esso un altro monte, mi elevo nettamente, lì la gravità e le forze centripete non hanno luogo, volo quasi in verticale quando arriviamo alla cima di quell'altro monte. Al di là vi è un vuoto spaventoso, e sotto un grande mare, scendo giù in picchiata planando lentamente verso la sua base, mi rendo conto che posso farlo, mi fido, lei è accanto a me divertendosi come una bambina, continua a guardarmi mentre io sono fisso alla guida. Plano velocemente su quel mare quando vedo all'improvviso tre enormi macchie scure in quel mare blu, esclamo subito: «Che cosa sono?»

Lei: «Torna indietro dolcemente altrimenti si immergono!»

Mi giro lentamente a circa 30 metri di altezza vedendo tre balene che nuotano lentamente esclamo: «Addirittura delle balene quassù in mezzo allo spazio?»

«Sì Massi è una specie che si è estinta sul pianeta Terra, ve ne sono molti esemplari che verranno destinate alla Nuova Terra», poi forse spaventate dalle mie manovre agitate si immergono. «Seguile, immergiti pianissimo.» Uno scudo energetico impedisce all'acqua di entrare, nel momento in cui mi immergo vedo nettamente il confine tra acqua ed energia di contenimento, che crea piccole increspature, sono a pochi metri e mi avvicino ancora verso una di loro che improvvisamente si ferma a guardarci.

«Ora fai silenzio anche con la mente, parlerò telepaticamente con lei, è una femmina!»

Si alza e fa passare un braccio al di là della barriera, mi spiega che il sistema apre un passaggio a contatto con la pelle ma senza attraversare il braccio nella sua materia biologica, altrimenti sarebbe molto pericoloso, questa forza energetica rimane a fior di pelle per non far entrare acqua come se fosse un guanto! Poi lei tocca con la mano la balena, al contatto essa emette un canto sonoro: «Ascoltalo! È il suo canto per noi.» Udirlo da una distanza così ravvicinata, ti fa vibrare in tutta la tua essenza: è straordinario e meraviglioso, mi ricorda la musica delle sfere celesti che nel loro respiro sonoro ti conducono verso l'Infinito! Sto per scoppiare in lacrime, tutto ciò è così profondo e di una tale emozione che non si può spiegare nella nostra verbalità, ti espande totalmente connettendoti alla fisica dell'Anima! Poi con l'altro braccio mi afferra e tenendomi stretto a lei mentre ascolto il suo canto sembra esserci una frequenza armonica esalata solo per l'accordatura dei nostri cuori! Ciò che sento fluire in me da quell'essenza animale, pura nella sua coscienza, richiama la mia attenzione, riportandomi a quello che ancora non è in me vibrazionalmente pulito, poiché porto nel mio campo aurico memorie emotive e psichiche del piano terreno. Nell'attimo in cui vengono a galla queste situazioni, essa avverte il mio tremito di disagio e si allontana, mentre lei ritira all'interno il suo braccio ci abbracciamo teneramente, ricolmo di emozione quell'animale esprime nella sua natura un tale stato di serenità, che l'uomo dovrebbe essere grato per averne anche solo una minima parte. Credo che il timbro di quel suo intimo stato, mi sia fluito interiormente come in uno stato di guarigione e facendomelo percepire diviene parte di me, poi mi risiedo alla guida di quel veicolo, e decido di risalire in superficie e alzarmi in volo. Nel momento in cui torniamo alla luce del Sole mi rendo conto che la cloche è sparita e la nave segue i miei comandi mentali, pienamente sintonica con me, i miei emisferi hanno trasceso ponendosi nella loro unità, spostando il confine del mio essere nel Tutto! Ma lei già sa visto lo sguardo orgoglioso che mi dona, è come essere tornati a un tempo che ancora mi sfugge, a cavallo tra due realtà di coscienza ben distinte. «Ora vai oltre le nubi al confine del nostro limite atmosferico», mi sollevo e quando ci arrivo lei mi esorta: «Vai ancora oltre», saliamo di almeno 100 km, a un'altezza veramente impressionante, da quella quota sembra di vedere veramente un pianeta in tutta la sua bellezza, comincia a scomparire la luce riflessa e il buio si palesa dinnanzi a noi, mentre le stelle dipingono un firmamento d'incanto.

«Ora stiamo per raggiungere il tramonto, per regolare i flussi vitali della nostra razza. L'intera stazione si muove in senso rotatorio come fa esattamente un pianeta, con le sue rivoluzioni orbitali, creando il giorno e la notte, siamo a pochi chilometri dal confine atmosferico in una zona sicura.» Poi comincio ad ammirare il Sole che scende all'orizzonte di quella immensa stazione spaziale, svanisce in poco tempo lasciandoci alla meraviglia di una volta celeste mozzafiato che brilla sempre più. Sotto di me scorgo le città illuminate e alcune navi in movimento, quando all'improvviso la navetta si capovolge, per fortuna essendo esenti da forze gravitazionali e sotto il completo controllo di una tecnologia d'interfacciamento di coscienza con il mezzo che lo rende più che affidabile... non accade nulla.

La navetta ha percepito il mio desiderio di vedere l'intero panorama e si gira completamente, ovviamente con una bella dose di spavento da parte mia, è come avere il mondo sopra la testa, mentre invece di solito è sotto di te... è davvero meraviglioso ti espande verso l'infinito.

Mentre sono dinnanzi a quelle grandezze celesti sento in me l'elemento propulsivo della mia vita, spingersi oltre ogni confine finora raggiunto, e pronto a scoprire l'infinito paesaggio dell'incognito, un travolgente desiderio di volgermi oltre me stesso in un nuovo fervore spirituale, le stirpi del cielo stanno donando se stesse per muovere l'evoluzione sospesa della civiltà umana, nella trasmutazione da una verità velata verso la limpidezza di nuovi orizzonti celesti della manifestazione umana verso una rinascita più piacevole della vita. La mia mente si ferma mentre il mio cuore inizia a donarmi il suo nuovo linguaggio universale, i miei sensi sono colmi di una nuova bellezza interiore.

Mentre scruto ovunque vedo una piattaforma circolare enorme vista da sotto, che riflette come uno specchio la superficie sottostante, allora mi riporto nella posizione precedente e perdendola di vista mi accorgo che è appena sotto il nostro orizzonte, motivo per cui non me ne ero accorto prima, lei mi risponde subito chiarendomi che quella è la porta verso casa, da lì si possono effettuare trasmigrazioni dell'anima verso casa mandando solo l'anima con alcuni suoi corpi: eterico, astrale, mentale, e ricreando dall'altra parte nella stessa dimensione superiore un corpo materiale della stessa densità, là a destinazione utilizzando il fluido di luce che tutto compone.

«Non è un caso che l'hai notata perché ora ci dirigeremo lì, non ti dissi mai dove recarti nemmeno mentalmente, ci sei arrivato tu, o perlomeno la tua Anima, lei sa tutto, il grado d'intuizione inconscia è sempre superiore a quella della mente sul piano conscio, ora vai portami a casa!»

Capitolo Due

IMMERSI NEL TUTTO

Ormai mi sento parte di quel veicolo e con la mia volontà mi reco lì, questa è una stazione molto simile all'intera base ma non più di un centinaio di chilometri di grandezza, che levita al centro dei suoi cieli ad alta quota. Mi avvicino, è completamente liscia non presenta strutture esterne, se non una sorta di gigantesco cristallo sulla sommità che emana raggi arcobaleno. Si apre un portale molto grande di fronte a me, e lei mi dice che ci devo entrare e così faccio, mi appoggio a quella pavimentazione posandomi come una piuma, sui fianchi del nostro veicolo si aprono varchi per scendere, come se svanisse la materia nel nulla. Mentre mi perdo a osservare quella curiosa manifestazione, lei mi arriva alle spalle saltellando allegramente, mi tira letteralmente fuori dal veicolo e abbracciandomi, premendomi le braccia verso il suo petto mi dice: «Ora andremo a casa è molto tempo che non mi ci reco… ma aspettavo che arrivassi tu.»

In quel gesto che mosse con fare nobile riesco a comprendere, come in loro gli schemi della mente sono totalmente diversi da quelli dell'uomo terreno, è una forma affettuosa che non entra nel contesto invasivo come potrebbe essere quaggiù, semplicemente vuole portare le mie mani a entrare etericamente nel suo cuore, comincio a sentire un grande amore verso di lei, ma non so se è il suo che mi arriva sollecitando il flusso del mio centro cardiaco. Che qualcosa di antico ci leghi è ormai certo. Mi accompagna attraverso un lungo corridoio dove di tanto in tanto vi sono vetrate che danno accesso visivo ad aule e luoghi davvero strani. Anche all'interno delle loro navi tutto è mosso dalla più eccelsa arte espressiva, ornamenti di finezza celeste abbelliscono gran parte dei loro ambienti, manufatti e opere anche di diversa natura che evidentemente furono donati da altre culture cosmiche, popoli stellari che nell'unione verso quel popolo sublime stipularono scambi su tutte le linee della vita, poi all'improvviso si apre una grande porta bianca verso l'alto, che dà accesso a un grande salone pieno di grandi monitor visivi, che reputo dalla grafica penta-dimensionale, che danno l'impressione di osservare un'immagine reale! Vi sono immagini simboli e schemi di luce incomprensibili, davanti ad alcuni di essi vi sono giovani ragazzi e ragazze che osservano attentamente, al punto che non si voltano nemmeno quando entriamo, poi vedo venire verso di me un giovane uomo.

Mi saluta con una nobiltà che appartiene ai nostri secoli passati, e inchinandosi dinnanzi a me pronuncia: «Jepsut.» Io cerco allora di imitarlo, per contraccambiare il saluto dicendogli il mio nome. Poi rivolgendosi a lei le dice:

«Tylaiel, tutto è pronto per l'apertura, a breve saremo allineati con l'ingresso della Griglia Cosciente!»

Mi chiedo che cosa sia questa griglia cosciente…

«Molto bene!» mi dice lei. «Vieni con me andiamo a prepararci», entrando in una camera adiacente: «Ora dobbiamo essere semplicemente biologia!»

Io sbigottito ho annuito! Ma già lo siamo! Lei sorride dicendomi: «Attraverso questo mezzo di trasporto solo ciò che compone il nostro corpo passa, tutto il resto no.» Realizzo che intende "di essere soltanto nella nostra natura corporea", sono davvero imbarazzato, ma qualcosa mi permette di lasciarmi andare oltre la pudità del piano fisico di quella dimensione. Tengo lo sguardo basso per rispetto verso di lei, ma ella mi mette una mano sotto il mento e mi porta ai suoi occhi, brillano di luce e tutto passa in un istante! Poi si apre una porta che dà accesso a quello che sembra il cristallo sopra la base mentre invece comprendo in seguito che è un mezzo riverberante, un *Connettore Cosmico*. Entriamo dentro e saliamo su alcuni gradini dello stesso materiale nero, poi mentre il sistema comincia ad avviarsi con suoni e vibrazioni fortissime, lei comincia a parlarmi e a spiegarmi cosa sarebbe successo!

Con voce sostenuta:

«Questa struttura non è solo un meccanismo celeste, questo sistema fluidifica l'energia dell'anima ai canali connettivi di tutta la creazione. Tu lo hai già sperimentato una volta ma eri puramente anima, ora lo farai assieme ad alcuni tuoi corpi energetico/vitali, sarà molto diverso. La Meccanica Celeste vuole che il piano fisico di III^a e IV^a densità, non possa accedere a questa rete ma tu nello stato in cui ti trovi ora sì! La mente materiale impazzirebbe, la bolla plasmatica che ci conterrà sarà riempita di una sostanza connettiva a tutti i piani di realtà, questo è un effetto collaterale non voluto ma necessario al viaggio che compiremo insieme. In quello stato, tu non respirerai, non potrai parlare non potrai comunicare con me, se non in uno stato ancestrale, ma sarai così confuso che non vi riuscirai, sarai solo tu a controllare il tuo stato presente, noi saremo pura energia creativa.

Sii pronto a sperimentare cose mai vissute, qui non vi è limite saremo nel Tutto. Questo sistema di viaggio non è permesso a tutti, ma a pochi dell'intera stazione, colui che ti ha parlato al tuo arrivo è il Reggente di tutto il nostro mondo: mio padre Jonar.»

Comincio a sentire uno strano ronzio, lei mi prende per le braccia e mi tiene stretto, tutto comincia a essere molto agitato, quell'energia mi investe in ogni molecola, lei mi dice fissandomi negli occhi: «Non devi avvicinarti all'anello mentre ruota.»

«Quale anello?» le chiedo, e appare dal basso alzandosi all'altezza del cuore cominciando a oscillare velocemente, emettendo una luce abbagliante. Poi cominciamo a levitare assieme all'anello mentre comincia a vorticare attorno a noi in tutti i sensi, ho paura. L'adrenalina dell'anima comincia a inondarmi, poi comincia a solidificarsi una sostanza gassosa, la luce, le vibrazioni sono fortissime, poi il tempo razionale si ferma; si è creata una sfera di energia tutto intorno a Noi.

La cosa più strana che sperimento è che la materia si divide dall'energia, la parte più solida cade giù nella sfera che si appoggia sulla lastra nera e rimane lì ibernata con all'interno i nostri corpi fisici di V^a dimensione, l'altra più immateriale eterica e astrale di 5D rimane sospesa, quella in cui sento la mia coscienza dimorare. Tutto è ovattato, guardo in basso e vedo noi due là dentro, e so che sono anche lì come in una sorta di bilocazione dove sei consapevole soltanto di una che dimora in un'ottava superiore del tutto, poi

Immagine Sabina Pavan

Immersi nel tutto 35

il cristallo centrale si apre ma non meccanicamente, è come se la materia cristallina di quel Geode Cosmico oscillasse e divampasse in luce indefinibile, e qualcosa di magico accade: mi sento esplodere dentro in una fusione multidimensionale come se diventassi parte dell'intera creazione, come se i miei confini non fossero più né il mio corpo né la mia coscienza espansa ma fossi diventato il tutto in tutte le dimensioni. Liberati dalla Gravitazione Universale ci solleviamo entrambi lentamente, arrivando a un'altezza mozzafiato, poi si apre un varco dimensionale sopra di noi e schizziamo a una velocità che la mia capacità di spiegarlo si ferma. Mentre entrambi compenetriamo nello *Scibile Cosmico della Fonte*, vedo ciò che la mia mente eterica impiegò giorni a metabolizzare nel piano della mente fisica razionale. In un caleidoscopio di mille divine energie e bagliori luminosi attraverso quella sfera che diviene il nostro occhio nella multi realtà, posso contemplare contemporaneamente tutte le realtà esistenti, non so come successe, ma una volta che mi sentii separare dal mio corpo fisico di V^a dimensione persi la coscienza della mia materia stessa, non sentendo più né gambe né braccia. Cerco di voltarmi per vedere lei ma non c'è, comprendo allora di essere divenuti pura coscienza di Luce, anche lei è lì fusa con me e mi parla dentro come se fosse la mia stessa voce, per la prima volta vivo una coscienza che non è né maschile né femminile ma è la perfezione dell'essere vivo in una forma di esistenza che non è polarizzata nella materia e dalla mente ma nella sua non-polarità si esprime verso una tangibile perfezione degli aspetti esistenziali di una natura ultraterrena, tutto è così ovattato ma al contempo la mia percezione si arguisce a sensi superiori che appartengono alle sfere di coscienza dell'Uno. La mia stessa visione interiore si espande come mai prima di allora, all'improvviso vedo in modo sferico, in ogni direzione contemporaneamente mentre intorno a me cominciano a manifestarsi un numero immenso di realtà tutte contemporaneamente visibili, immerse in luce di infiniti colori eterico magnetoelettrici.

Soltanto attraverso una visione elevata della coscienza Spirituale dimorante in una dimensione molto alta mentre l'Anima si immerge nel suo campo strutturale di forma, lì puoi scorgere l'Infinito esistere del Creato nei suoi misteri più insondabili mentre sei in relazione con il Tutto.

Ciò che osservo è un caos indefinibile di mondi, universi, galassie, esseri animali, astronavi di ogni forma, costruzioni, pensieri, stati di coscienza multipli, ricordi ancestrali di trame esistenziali connesse a una rete cosmica di coscienza multidimensionale, immagini che appaiono come lampi luminosi… mi sembra di attraversare un magma vivente, mentre tutto è impastato insieme, infiniti universi compenetrati nello stesso apparente luogo metafisico, una rete infinita di corridoi dello spazio cosmico porta il mio sguardo metavisivo a penetrare in un'infinita regressione agli inizi del tempo. Il Tempo non esiste, tutto corre improvviso, con istantanee pause atemporali in cui noto più dettagliatamente cosa mi sta circondando, o più chiaramente compenetrando, vorrei urlare all'Universo ciò che sto sperimentando come la più grande apertura di coscienza che un essere vivente potesse vivere oltre ogni orizzonte di comprensione.

«Diooo Diooo questo è Diooo, la Fonte, lo Sgorgare della Vita ovunque, tutto è Vivo, tutto è Vita, tutto è colmo di un Amore così profondo che mente non può concepire!» L'Infinito in me vive il suo apice d'elevazione, la mia mente si è annullata per lasciare che la Libertà dello Spirito possa raccogliersi nella Piena Coscienza di un essere Presente e Pensante, mentre tutta la Verità Universale si riversa in lui mi rendo conto che osservare la multi-dimensionalità in quel modo, mi fa capire che non esiste angolo della creazione, dove non vi sia vita, tutto è ricolmo in ogni anfratto così prepotentemente, da considerare che in ogni più piccolo frammento di creazione esistono più forme di vita simultaneamente, e che solo i veli della separazione ci danno la facoltà di focalizzarci in una sola per poter condurre la vita e la stessa evoluzione. Ciò che sto vivendo trascende ogni termine e concetto mentale, là dove la mente non esiste, per lasciare la pura comprensione alla tua più alta forma di coscienza nella sua espansione più assoluta, mi sto perdendo nel tutto, dimenticando chi e che cosa sono, da dove arrivo, le persone che conosco, la percezione della vita stessa prende tutt'altra forma, in un'identificazione non più finita ma infinita mentre una voce altisonante che sembra provenire da ogni luogo e da ogni dimensione mi dice: *"Incarnerai nel tuo Tempo il meglio delle infinite esistenze dei Mondi in cui hai vissuto, darai il meglio di Te stesso per la Vita che ti circonda, in una fiducia profonda nel più alto potenziale verso la realizzazione del massimo Bene, imparerai a essere una sola cosa con Tutto ciò che esiste, nell'Intelligenza Nascosta scoverai la Legge della Creazione che di Amore riempie ogni Cosa e ogni Essere..."*

Percependomi nel quantum dell'Anima che si espande e si riconosce nell'origine, là dove nel suo centro si irradia la geometria della vita negli infiniti livelli di creazione del Tempo Verticale, l'Anima risorge nel suo stupore, nel sentire un nuovo sapore della vita, quella vera, vissuta nella giusta coscienza, quante cose l'uomo deve ancora conoscere e quindi riscoprirsi in esse. Essendo questo mondo una classe di vita c'è ancora il giusto Tempo, per afferrare l'assoluto in te nella tua nuova Ispirazione Spirituale, realizzando la più Sublime Esternazione d'Amore che tu possa mai manifestare, che ti darà la forza e il coraggio di crescere a nuove realtà interiori, per donarle al mondo che ti ospita in questo tempo e in questa dimensione!

Noto altri condotti cosmici ricordandomi come fiumi di creazione che ho effettivamente già in parte visto in un reticolo del genere in un'altra mia esperienza: "Il Reticolo Cosmico, le Vene di Dio." Ma quella volta vi entrai uscendone istantaneamente, senza ricordare o sperimentare ciò che successe all'interno, ma questo lo compresi quando ritornai nuovamente in me stesso, ora tutto è più chiaro, e totalmente completo nel mio Altare Interiore, nel pieno respiro della mia Anima e nella mia totalità.

«Che cosa compone la creazione, che cosa unisce il tutto, non vi è il nulla, ma semplicemente esso è concettualmente apparente alla nostra percezione focalizzata, della dimensione che stiamo vivendo, in realtà tutto è un'immensa amalgama cosmica di Vita, che in fondo è lo scopo dell'amore manifesto in una forma di coscienza, che lo possa interpretare e godere nella sua più elevata molteplice espressione, viviamo per giungere alla vera comprensione dell'Amore nulla è più importante di questo, nulla!»

Poi in un istante cessa tutto, mi ritrovo polarizzato in quella forma sferica, poi ricompare attorno a me la stessa struttura uguale a quella da cui siamo partiti, ma questa è la destinazione finale, dell'inconoscibile apparato di trasmissione di coscienza, mentre siamo a galla inglobati in quel cristallo, sotto di noi viene creata una sfera di luce blu radiosa, nello stesso modo da quell'anello vibrante blu, quando cominciano a vedersi formare dal nulla in quell'interno nebbioso, due corpi non dettagliati in posizione fetale, finché gradatamente diventano completi nella loro forma umana. Poi mi sento cadere giù pesantemente e mi riprendo all'interno di quel corpo, percepisco il senso della gravità, apro gli occhi e lei è lì davanti a me, riacquisto le sensazioni del mio corpo e appena ho coscienza dei miei movimenti l'abbraccio, scoppio in un pianto incontenibile, inconcepibile alla sfera dell'emozionalità umana, un uragano di sensazioni profonde che rinnova tutto ciò che sono o ciò che avevo fino a quel momento creduto di essere, il mio cuore emana gioia pura in un'estasi che culmina in uno svenimento tra le sue braccia. La stessa emozione che trovo nei singhiozzi del suo pianto soffocato, mentre lei continua a ripetere ricolma di emozione: «È meraviglioso e sublime il grande spettacolo della creazione, questo è il grande dono per la mia vita, che avrei potuto vivere soltanto con te! Non immaginavo fosse così soave nonostante le descrizioni di quei pochi del nostro mondo che possono sperimentarlo, per me era sempre rimasto un sogno finché non mi è stato concesso di viverlo nel mio profondo, per accompagnare te! Questa è la mia prima volta come lo è per Te!»

Sono dinnanzi a lei perso nei suoi grandi occhi, e mentre mi fondo nel suo universo interiore comprendo che nel caos del creato è custodito il segreto dell'esistenza, è nella pratica della giustizia che nasce dalle origini della tua purezza, che sorgono le sacre leggi cantate dal cuore cosmico, sorge come un sole una divina e candida tenerezza, quella ambrosia necessaria a far scintillare la nascita di un cuore spirituale, che irradia se stesso a connettersi con altri cuori nella grande chiamata cosmica, e tutti insieme intraprendere la ricerca dell'elemento fondamentale dell'esistenza. Stavo conoscendo la profonda poesia del cuore nell'incanto della mia Anima verso la sua, stavo vivendo nuovi aspetti del sentimento divino che ti porta a conoscere cose immense che si stanno muovendo dentro di te, al punto di pensare che se io fossi stato Dio non avrei potuto evitare di crearmi in forma fisica, per poi un giorno vivere una tale bellezza una tale poetica armonia scivolare nei nostri cuori e unirli, una fecondazione spirituale tra due anime che in sé sapevano perfettamente ciò che provavano reciprocamente nella bellezza di quella dimensione.

Poi mentre il mio Amore si fonde nel Tutto, il suo sguardo cambia completamente, mi fissa così profondamente con un sorriso così intimo e ricco d'Amore, mentre le sue dita sono appoggiate delicatamente sul mio collo, lentamente la sfera vaporizza lasciandoci abbracciati accovacciati a terra, mentre intorno a noi noto sorpreso che vi sono già cinque persone sorridenti, di cui due hanno tra le mani due tuniche per coprirci e uno è identico a Jepsut, (mi disse in seguito che era il suo gemello!)

Tutto ciò l'ho vissuto come un parto alla Vita, mi sento rinato dentro a un'altra forma di coscienza ancor più elevata, e all'interno di un corpo che non conosce la pesantezza di quello umano terreno! Poi ci accompagnano all'interno di una saletta per farci riprendere dallo choc cellulare ed emotivo mentre ci offrono un liquido semigelatinoso da sorseggiare, ci corichiamo entrambi abbracciati su un giaciglio confortevolissimo, e mentre ci guardiamo negli occhi ci addormentiamo! Credo che passarono poche ore di quel loro tempo! Quando una giovane donna entra, portandoci abiti principeschi meravigliosi! Li indossiamo non prima di aver messo un intimo stranissimo: sembra una seconda pelle, incredibilmente si adatta da solo alla mia misura, indosso anche il resto dell'abito poi guardo una parete dove vi è uno specchio, che riesce a mostrarti anche la schiena, contemporaneamente ruotando attorno a te! L'ho appena visto attraverso di lei mentre si osserva vestendosi! Poi mi avvicino e lì, lo choc emotivo mi prende totalmente.

Non è il mio volto! Non è il mio corpo! Eppure mi sento io, caccio da dentro un urlo soffocato, ma lei che già sa dal momento in cui arriviamo lì, mi è già accanto sorridente. Mi preparò per accogliere una nuova Verità che mi avrebbe illuminato interiormente per sempre!

«Questo è il tuo vero involucro, quello che possiedi sulla Terra, appartiene alla materia fisica di quel mondo», l'unica cosa che rimaneva simile in parte erano le mie mani ma senza più tutte quelle callosità che ho sulla Terra.

Poi mi stringe ancora più forte e mi dice: «Bentornato a casa!»

In quella forma, in quella mente, mi sento diverso: un senso di elevatezza spirituale pervade tutti i miei piani di coscienza. Qualcosa sta riaffiorando, mentre la mia Anima instaura un'intima comunicazione con lo Spirito, ricordi antichissimi di un passato smarrito, tra le pieghe del tempo, poi lei mi porta verso una grande vetrata che dà al pianeta sottostante, guardo insieme a lei, lì in assoluto silenzio, una parte del pianeta è in pieno giorno, mentre l'altra è nella notte profonda, con le sue città di luce accese come brillanti rose al sole. Quel mondo così bello mi suscita nel cuore così tanta nostalgia che non riesco a emettere parola, sembra che i ricordi si trovino tutti lì, su un confine in attesa di essere riversati nella mia memoria.

Capitolo Tre

L'ANTICA DIMORA

Si gira verso di me e commossa mi dice:

«Siamo partiti da qui millenni or sono del nostro tempo per il Bene Supremo, ti accompagnammo sulla Terra al tempo delle grandi civiltà, hai attraversato tutte le ere della storia umana, e ora quando avrai finito il tuo compito ritornerai a casa, nella tua forma più completa, le fatiche della tua Anima stanno per terminare! Abbiamo aspettato così tanto tempo!»

Le chiedo chi è lei, ma mi risponde che per ora non devo ricordare, tutto avrebbe avuto il suo tempo.

«Prezioso sarà il momento che sul tuo volto scorgerò lo stupore di un bambino, che scopre la sua verità, e che lo avrà sollevato dal mondo dell'illusione della mente umana.»

Il bagaglio emotivo che sto accumulando è sempre più grande, mi trovo sull'orlo di un crollo emozionale, tutto è così profondamente travolgente. Vissuto lì in quel piano dove le emozioni sono molto più forti che qui in III^a densità: tutto ha una forte valenza spirituale, anche ora mentre sto scrivendo tutto ciò che ho vissuto continuo ad avere tutte quelle immagini nella mia mente, al punto da non credere di esser qui in questo momento... ma dove sono realmente!? Quale realtà sto vivendo!? Tutto è così oltre la comprensibile legge dell'uomo, e la sua fallace fisica dell'esistenza che sfuggono riflessioni audaci, ma forse son più reali queste che l'intero credo umano, dettato da una conoscenza incompleta, ma ella si troverà ad ampliare la propria consapevolezza verso nuovi orizzonti universali! Quell'energia non mi ha ancora abbandonato, ma forse mai più lo farà essendo divenuta parte di me per sempre. Non mi innalzerò mai al di sopra di nessuno, in quanto ho conosciuto la grandezza dei popoli del mondo, e le loro grandi cadute, quando credevano di essere i più giusti. Ho conosciuto la tristezza più profonda, come l'Amore più sublime, tutto a opera di questa Terra che ora amo profondamente. Poi lei mi osserva dicendomi: «Ho fatto portare qui la tua nave, ora che hai compreso la connessione riuscirai anche con lei, è unica, fu costruita per te poco prima che partissi, e ora ti riporterà a casa con me al tuo fianco!»

Saluto Jepsut, egli non è un semplice tecnico di quella piccola stazione di connessione, in orbita nel mio mondo che riceve continui arrivi e partenze per le 1749 stazioni orbitali attorno ad altrettanti mondi in evoluzione, bisognosi di supporto, in attesa del passaggio dimensionale di coscienza e fisico! Ma lui è uno dei pochi che può mettere in essere quel tipo di *Comunicazione Intercosmica di quel Geode Vivente*, attraverso l'intera creazione fino a spingere l'essere coscienza, agli angoli più remoti di tutto l'esistere creativo, ma è anche il fratello gemello di colui che è nella stazione attorno alla Terra, e usano lo stesso nome, mentre sulle altre stazioni vi sono altri specialisti dove ognuno deve connettersi al sistema coscienzialmente. Ovviamente il ponte di coscienza di due gemelli viene usato per la maggior sicurezza dove soggiorna il reggente Jonar, nonché con altri ci fossero pericoli, ma la precisione è certa, questo sistema di trasporto è estremamente veloce, mentre le stazioni orbitali e le navi devono percorrere un altro sistema di viaggio, impiegano molto più tempo per giungere in luoghi a loro destinati con l'intero loro equipaggio, formato da milioni di unità per ogni stazione operativa.

L'antica dimora

La loro "La mia civiltà" si è spinta a vivere nelle trame della creazione, cosciente che "la tua casa" può essere ovunque tu ti senta amato, in quanto l'unica vera casa è là dove vivi nell'Amore, al di là del tempo e dello spazio, solo questo resta e ti lega al tutto, alle infinite persone che hai amato indissolubilmente, rimarrete uniti per sempre nell'eterno ricordo dell'Akasha, nella vita prima della vita imparate ad amare tutto e tutti, come se fosse la prima volta nel primo giorno della vostra esistenza in cui venite al mondo, ama la sacra vita negli altri come se fosse la prima volta che scopri l'esistenza di un altro essere come te, solo così cristallizzerai in te l'altruistico desiderio di sostenere coloro che accompagnano la tua esistenza.

Una profonda nostalgia prende vita verso tutti coloro che ricordo di aver amato nell'immenso creato. In ogni stazione vi sono molte persone dell'equipaggio che vanno a far parte dei mondi aiutati incarnandosi, cosicché si sviluppi un ponte di coscienza tra il mondo con il quale si stipula un'interazione di elevazione coscienziale, instaurando un'osservazione diretta e completa che può avvenire soltanto in quel modo: attraverso l'esperienza stessa del vissuto, cosicché ci si sentisse fratelli davvero oltre le differenze fisiche e di cultura, attraversando insieme a loro il bene e il male, in quanto in tale modo tutto viene visto al di là del vostro comprendere. Ho avuto la grazia di conoscere il suo abbraccio che era pura magia, il suo potere, il suo essere, erano la rappresentanza, dell'*Uno fattosi Corpo Anima e Spirito nell'Amore*. Poi ci siamo staccati ma l'amore che mi aveva donato lasciava una connessione aperta attraverso gli occhi suoi, e camminando all'indietro mi sono allontanato. Entrando in un ascensore che sembrava nemmeno spostarsi, o forse era un qualche tipo di movimento slegato da forze gravitazionali, se ne apre un secondo... dopo i miei occhi vedono un grande hangar, dove una serie infinita di dischi bianchi come quelli che avevo già visto inglobati nel pavimento, erano lì immobili nella loro bellezza. Saliamo su di una pedana levitante che senza nemmeno appigli comincia a muoversi velocemente, scrutando vedo molte navi di forme e grandezze diverse, forse è molto più di qualche chilometro, come a prima vista credevo, arriviamo davanti a colei che è la mia nave: un grande involucro metafisico e tecnologico, un disco perlato semi ovale, con alla sommità una cupola trasparente e un'altra sul fondo sempre ovale.

Sono agitatissimo, la forma non mi ricorda nulla, spero di agganciarmi a qualcosa che mi riporti alla memoria tutto quello che ancora mi sfugge, ma solo sensazioni oltre-mente giungono. Forse mi è imposto un blocco che nemmeno io stesso posso eludere, o forse sono stato io stesso che dall'alto di quella dimensione limitai me stesso in questa inferiore, e che con cadenze temporali di apertura ben precise, si sarebbero riversate nella mia coscienza, nel preciso istante in cui sarei stato pronto a incamerarle e accettarle. Ci fermiamo e scendo, ci giro attorno, non ha apparenti entrate, ma solo un simbolo, guardo lei che mi sorride, comprendo o qualcosa mi spinge a metterci la mano sopra. In un frammento di secondo svanisce la materia lasciando un'apertura che da all'interno, ho mosso il mio primo passo in un altro frammento del mio ignoto: **Essere Stato**. Entriamo, l'intera nave non è più di una trentina di metri, la visuale che mi si presenta è di una grande sala dalla tecnologia impercettibile, tutto è miscelato nella struttura stessa, monitor olografici e tre sedili color celeste, ni dirigo verso ciò che reputo la consolle di guida, poi lei parla: «Questa nave può recarsi ovunque nella creazione. È fatta del tuo stesso tessuto connettivo genetico, materializzato in uno scisma tecnologico. In pratica sei tu in lei, la tua mente nella sua il tuo cuore nel suo a tutti gli effetti un organismo vivente. Ogni veicolo messo a disposizione dalle nostre civiltà, assume l'interconnettività totale con l'essere che lo guida, la sua materia neuronale trasforma il viaggiatore e la sua estensione tecnologica, in ciò che possiamo concepire nella mente quantica della forza generatrice del tutto, e tutto si trasforma in un pensiero che scorre nei meandri del cerebro-creativo del grande sognatore della vita, diviene coscienza stessa mentre viaggia nella trama creativa della Fonte. In tutta la V^a dimensione esistente, interagendo con la IV^a e quelle inferiori in stato di osservazione, ma rimanendo invisibile a occhi che devono restare ignari nel conoscere realtà a loro inconcepibili, e per alcuni troppo destabilizzanti per la propria emotività, per ciò che è stato inculcato in loro dal sistema informativo umano, a riguardo delle civiltà extraterresti e della traumatica interferenza che ne potrebbe derivare in un contatto diretto, poiché l'unica conoscenza che fu impartita alle masse attraverso vari sistemi, fu quella che noi eravamo invasori distruttori e malevoli esseri sconosciuti, vi hanno in pratica messo contro voi stessi poiché molti che vivono sulla Terra siamo noi in veste umana, questo fa parte del programma di disinformazione messo in opera dall'élite di potere umana, da coloro che controllano attualmente il pianeta e tutte le sue società. L'essere umano è ancora prepotentemente governato da paure ancestrali, derivanti da contatti del passato storico dell'evoluzione umana, di sfruttatori cosmici che non fanno parte delle alleanze per l'amore, ma che hanno come baluardo solo il loro personale egoismo, sono tali timori che lo spaventano terribilmente quando si trova dinnanzi a ciò che non conosce, e in ciò che non è in grado di interpretare razionalmente, è per tale ragione che ci muoviamo solo nei confronti di coloro, che sono stati prontamente preparati nei piani onirici ed eterico/astrale per poi essere contattati nei piani esistenziali, la maggior parte di codesti ha origine dalle nostre stesse famiglie stellari, poiché la loro Anima ha conoscenza intrinseca, di ciò che verrà a sperimentare nel percorso di risveglio e di supporto all'umana razza.»

Mi dirigo verso quello strano sedile centrale un po' più avanti degli altri due e mi siedo, in quello alla mia sinistra si siede lei, mentre quel sedile mi avvolge energeticamente. Davanti a me si materializza una struttura tecnologica, che mi unisce alla nave dove poggio le mani in strutture apposite che si uniscono alle terminazioni energetiche delle mie dita nel loro campo aurico, le mani hanno centri energetici che riflettono i nostri chakra specialmente 6° e 7° esteriorizzandosi verso due sfere metalliche che vengono verso di me creando un ponte di coscienza, poi dei leggeri bagliori arcobaleno vanno e vengono tra me e la nave e viceversa, dal cuore e dalla mia testa manifestando qualcosa che non riuscirò mai a spiegarti appieno! Istantaneamente mi sento in tutte le cose che ho intorno e oltre, mi sento la stazione, la nave, il pianeta, le stazioni sparse per il creato, la vita stessa che possiedo, sono pienamente connesso a tutta la mia civiltà, ascolto la realtà in un modo totalmente nuovo, e uno stato di coscienza totalmente vivo, la connessione con tutta la rete vivente della creazione per poi collassare tutto al centro della mia consapevolezza. Poi si apre il grande varco all'interno di quella stazione, mi sollevo e esco nello spazio circostante, all'esterno della base orbitale che staziona all'esterno del mio pianeta! Mi lascio fluire all'inconscio che mi porta ad attraversare l'atmosfera di quel mondo, che in seguito chiamai la stella dell'amore, sorvolando in tutti i suoi confini celesti osservando cose magiche, e paesaggi d'incanto che mai potresti capire o realizzare nel tuo pensiero, sfuggendo anche a me nel mio: *Essere Terreno*, ma là non ero ciò che sono qua, e ogni cosa è meravigliosamente compresa!

Mentre solco i cieli di quel paradiso ritrovato, centinaia di veicoli che viaggiano tranquillamente in quelle distese color turchese, si avvicinano accostandosi e seguendomi nel mio viaggio, sento le loro voci salutarmi: «Bentornato a casa...!» Chiamandomi per nome, un nome che non svelerò mai a nessuno, poiché desidero restare agli occhi dell'uomo un suo pari, un fratello, un amico che giunge da lontano!

L'accoglienza più calorosa che io potessi mai immaginare, li sento parte di tutto il mio *Essere Spirito*. Mentre io attraverso la mia coscienza telepatica ritrovata, dono loro il mio saluto accompagnato da tutto l'amore che posseggo, ricolmo di un'emozione che non sapevo di avere e dove riversare cercando inutilmente di trattenerla! Lei al mio fianco è una fonte in lacrime, la sua emozione mi investe così profondamente che in quell'attimo sento in me la consapevolezza di un amore che dura dall'eternità dal primo vagito di creazione, qualcosa che non si può spiegare in un piano umano, è come se lei mi stesse accompagnando nell'esistenza eterna dal mio primo alito di vita cosmica, ritrovo in lei nella sua compagnia attimi di felicità e di brio vitale, che mi elevavano al mio più alto cielo interiore, un Amore Infinito sta prendendo vita in me. Mentre continuo a osservare le meraviglie di quel mondo un lucicchio diverso attira la mia attenzione, è un palazzo altissimo di cristallo, di vari colori e oro fatto di argentee sculture, che fregiano quelle torri svettanti tra i venti di quell'aria purissima che sento attraversarmi, in quanto percepisco anche i flussi degli elementi del Pianeta, poiché sono il respiro della stessa nave, parte essenziale del mio nuovo corpo in cui sono rinato alla Vita Vera, che mai qui su questa Terra potrebbe essere vissuta e compresa, mi fermo davanti alla cima di quel colosso di divina bellezza, e uno squarcio si apre nei miei ricordi: vedo lì all'interno di quella torre tra le nubi, una camera che avevo visto in un sogno lucido alcuni mesi prima di questa esperienza, in cui avevo notato tutti i dettagli del suo interno e un uomo con il volto dai riflessi dorati! Vedo tale radianza dal punto di vista della coscienza terrena, perché è quello che la mia visione interiore interpretò erroneamente, in quanto è l'emanazione vibrazionale più elevata a dare quel colore dorato, mentre vi è una donna coricata su un dolce soffice appoggio, quell'uomo sono io nel mentre le insegno l'arte delle frequenze sonore nelle loro vibrazioni acustiche e come tutto nel creato si muova sotto questa legge inderogabile, e lei è Tylaiel vista in un'emanazione terrena, tutto comincia a essere più chiaro, scendo alla base di quel castello celeste, lasciandomi al naturale scendere della gravità, davanti a quella che è la grande entrata, un magico portone di cristallo trasparente, con simbologie d'oro intrise al suo interno, e gemme lucenti in esso inglobate che emanano bagliori, toccate dai raggi di quel sole del mio regno natio, sento in me la grandezza di quella cultura, in me vi è contemporaneamente la coscienza terrena, e quella che ho solo lì, e tutto è percepito sotto due riflessi di coscienza diversi. Lascio la guida della mia seconda essenza vitale la mia nave, e scendo levitando fino a terra per mezzo della connessione con la nave che ci divincola dalle forze gravitazionali del pianeta, con lei al mio seguito, mi porto dinnanzi a quella porta, pronuncio il mio nome, ed essa come un cuore si aprì divampando in luce dello stesso colore del sole! Entriamo. La visione della magnificenza di quel immenso anfiteatro interno, scioglierebbe le ginocchia a qualsiasi uomo della Terra lasciandolo silente per ore! Lo stesso effetto ha su di me nella coscienza terrena ma non in quella vera che stavo reintegrando in me umano! Quel silenzio ha la sua emanazione sonora, di una grande cassa armonica, la matrice del suono mi connette agli archetipi costruttivi di quella realtà, il battito del mio cuore echeggia! Osservo quella volta poggiata

L'antica dimora

su colonne altissime, adorna di bellezze che non posso esprimere di quel magico costrutto in cui tutto brilla di luce, entro a passo leggero ascoltando la mia intuizione e mi lascio guidare dal ricordo di un vissuto smarrito, da qualcosa che sorge nel mio remoto sentire. Tutt'intorno vi sono grandi accessi che conducono a sale diverse, davanti a ognuna di esse vi è un simbolo diverso, di queste porte ve ne sono molte su più livelli, ma uno di questi simboli mi attirò subito: era molto simile ai frattali di luce, che da tempo vedevo nelle mie visioni.

Entro e vedo che è ricolmo in tutte le sue pareti e arcate che si ergono come in una cattedrale, di sfere frattaliche in continuo movimento rotazionale sospese e apparentemente sorrette dal nulla, queste appaiono in continua ricodificazione come se nessuno dovesse avervi accesso, se non chi porta lo stesso codice originale, poi lei mi dice alzando il braccio destro compiendo un movimento ad arco: «Qui vive perenne tutto il sapere che hai accumulato viaggiando nelle ere della creazione, tutto è condiviso con l'intero popolo per condurlo all'apice della sua evoluzione. Qui la gerarchia non ha la stessa funzione di quella dei mondi inferiori, qui ogni individuo svolge una funzione che egli stesso ha scelto per dote divina, nulla è forzato contro la volontà dell'individuo, alla quale si dona il tempo necessario affinché egli scopra i suoi talenti interiori ed esteriori, qui anche il più elevato in carica, condivide la propria fraterna amicizia con chiunque senza differenza di ceto, in quanto tutti hanno diritto alla stessa condizione vitale, qui tutto è di tutti, e tutti sono fratelli di tutti, la vera espressione dell'amore e della saggezza ha preso dimora nel nostro mondo miliardi di anni fa, del tempo terreno del mondo che ora abiti. Abbiamo cercato di mostrarlo agli infiniti mondi che pullulano il creato, nel quale quasi tutti hanno accettato di trasmutare i valori della propria esistenza, per creare una nuova società dettata dal vivere vero, nel pieno potenziale di espressione della vita. Milioni di mondi sono entrati a far parte del nostro esempio di vita, collaborando attivamente con noi, anche con alcuni che regnano nella VI^a dimensione di coscienza e di esistenza eterico-fisica, creatori della Vita nelle Trame Universali, di tutti i Cosmi del Creato di cui tu mio caro ne vedrai l'eccelsa opera tra poco tempo.»

Mi inoltro nei piani superiori attraverso un disco di cristallo nero posizionato al centro dell'immenso salone, dove salendoci si solleva slittando in una spirale di luce rosa entrando nel soffitto al di sopra di quelle grandi argentee arcate. Lì vi sono meravigliosi saloni per le cerimonie del regno in cui si accolgono emissari di grandi civiltà realizzatisi nel pieno connubio dei loro mondi nella manifestazione della legge del cuore, le trame del tempo sembrano fondersi, mi appaiono immagini antiche di grandi raduni di esseri d'amore unirsi in nome della liberazioni di altri regni soggetti alle forze della dualità, e insieme elevare miriadi di civiltà alla loro *Quinta Essenza Interiore!* Un luogo che rappresenta la coppa divina dove in un tempo remoto conobbi miriadi di umanità, provenienti dalle più lontane costellazioni celesti dell'infinito, dove i signori del tempo e della creazioni giunsero per dare adito alla nostra nascita, come civiltà portatrice delle

L'antica dimora 53

leggi cosmiche nelle civiltà nascenti dai regni del caos, che nella trascesa della duale staticità, ergendosi si donavano la libertà di accogliere i principi universali che fanno dell'essere umano spiritualizzato, un'Anima libera di esprimersi in tutta la sua bellezza. Mentre percorro i nuovi viali dell'ignoto in quel reame, scopro attraverso i miei sensi altre sale stupende con uno sfarzo che invade i miei occhi! Piene di magia e luci dai mille colori vibranti che accendono il mio interiore forzandolo ad aprirsi sempre più, poi saliamo ancora, dopo un lungo corridoio ricolmo di immagini epiche, che raccontano le remote opere evolutive attraverso le ere di quella civiltà, arriviamo davanti a una porta, in cui lei si ferma e con grazia mi dice: «Ora qui entrerai solo tu! Ti attendo il tempo che tu vorrai!» Si allontana e io entro, quella porta si apre soltanto per il timbro vibratorio della mia *Essenza Matrice*. L'accesso non è consentito a nessuno se non a me stesso, una volta entrato ne comprendo le ragioni! Tutto ciò che ho visto e ascoltato, da quello che io stesso avevo lasciato in un antichissimo passato, per la coscienza di questo mio tempo presente, è di origine delicata, in quella sala c'è una strana apparecchiatura olografica che si attiva e il volto che ho lì in quello stesso momento appare e parla, esattamente come se io mi trovassi dinnanzi a uno specchio che fa riemergere la coscienza ancestrale oltre-vita: «Siamo l'Io di questo spazio-tempo che parla all'Io del tempo terrestre.»

Poi mi dice molte cose per chiarire la mia posizione e per acquietare la mia coscienza terrena, mentre alcune di queste informazioni non sarebbero credibili da un piano di coscienza di terza dimensione, e altre cose nemmeno in quello! Sarebbe drasticamente difficile, come lo è stato per me riscoprire quella verità, resterà per sempre in me, come lo sarà in quella camera e nel mio regno, finché non giungerà il tempo opportuno per donare un nuovo sapere che glorificherà ogni esistenza. Rimasi lì molto tempo prima di accettare le ragioni di tutte le cose, ne uscì silente portandomi verso di lei, non le dissi nulla, nessuno deve sapere la grandezza di quella verità che trascende ogni credo umano, e che è destino di ogni essere manifesto nell'Uno assoluto.

Ritorno in quelle che furono un tempo le mie stanze private, un crogiolo di meraviglie dove vi era un altare della conoscenza e della scienza astratta dell'infinito creato, un luogo dove un tempo dimoravo assieme alla mia Sposa Celeste nell'incanto del nostro amore si soleva soggiornare su di un balcone di cristallo che dava panorama al di sopra delle nubi rosate, a respirare il cielo e le stelle della notte, mentre nell'unione dei nostri sguardi ci si gettava nello spazio infinito! Solo frammenti della memoria antica giungevano al mio presente! Con malinconia esco da quel che era stato il mio nido d'Amore. Scendiamo dal palazzo e trovo ad attendermi moltissime persone, mentre un coro di giovani anime intona un tenero canto angelico, quei bambini così soavi nelle loro voci, mi intenerirono l'anima e li abbraccio tutti, assieme a coloro che forse erano i loro genitori, dopo questo emozionante momento, risaliamo sulla mia nave e mi alzo in volo, scorgendo un giardino incantevole, circondare l'intero edificio ricco di fiori che formano fontane di colori meravigliosi.

Lei mi dice: «Ora vai nello spazio esterno, io ti porgerò telepaticamente la nuova destinazione, è un luogo dove molto tempo fa fu posto in essere un nuovo mondo, e ora è quasi pronto per ospitare la vita fisica animale e vegetale nella sua prima forma primordiale.»

Capitolo Quattro

IL PIANETA DEGLI ERRANTI

Arrivo in pochi secondi all'esterno del pianeta e davanti a me si apre uno squarcio nell'Universo, una sorta di tunnel iperspaziale usando termini terreni, un ponte di Einstein-Rosen e veniamo inglobati. L'intero viaggio non dura più di qualche minuto dalla percezione temporale che ne ho, anche se lì il tempo sembra non possedere una sua costante, appare al tempo stesso dilatato e compresso, mentre nel mio vedere osservo esternamente alla nave un continuo scintillio di aurore multicolore, che scivolando in esse sembra contengano una loro coscienza astratta del Sé universale. Mentre stiamo viaggiando nei flussi della luce dimensionale sono pienamente cosciente che mi sto muovendo attraverso la mia stessa creazione, io e tutti gli altri esseri delle creazioni, non siamo altro che la molteplicità infinita di uno stesso principio cosmico, che ha desiderato sperimentarsi nell'imperfezione, nella diversità di una stessa uguaglianza evolutiva, mentre in unità realizza il Riflesso della Perfezione, per poi un giorno essere il risultato preciso del pensiero assoluto. In quel silenzio planetario di un cosmo immenso, ho la consapevolezza che ciò che sto vivendo in un eterno scorrere dell'anima nelle trame del tempo e delle infinite esistenze vissute, è stato creato dal sommo apice in cui tutti noi siamo Uno per fornire alla singola Anima la speranza di realizzare il potere manifesto, nella creazione di un mondo forgiato sulle colonne della saggezza, e della giustizia divina nella sua formula evolutiva, mentre si risveglia nelle sue virtù sopite dalle ere del tempo, nel solcare l'immutabilità dell'universo e nella sua perennità in un'estasi perpetua. Nella mia coscienza so che quella velocità supera migliaia di volte e oltre quella della nostra luce coerente, è la velocità necessaria per potersi muovere in tempo utile nella vastità creazionale. Mentre viaggiamo sento che stiamo scivolando indietro nel tempo e lo faccio presente a lei la quale mi risponde appunto che dobbiamo andare alle origini della creazione di quel mondo. Dopodiché usciamo dal ponte dimensionale temporale, siamo davanti a un mondo apparentemente sterile, in cui spiccano grandi distese di terra e roccia e mari immensi; lei guarda in una direzione verso la parte destra dell'interno dell'abitacolo, si apre un varco verso una parete dove appaiono tute per andare all'esterno della nave, io la seguo mentre lei si alza e con calma le indossiamo: ci si entra dalla schiena, si richiudono attorno a noi, e danno direttamente all'esterno attraverso una membrana che le racchiude nella parete stessa. Queste tute funzionano nello stesso modo della nave, si muovono attraverso la trama del vuoto dello spazio pilotate mentalmente.

Mi dice: «Vieni con me avviciniamoci al Pianeta, a breve usciranno dal loro varco temporale, è una razza solare che conosciamo, di VII^a dimensione di coscienza metafisica, creatori della vita nei mondi ancora sterili, essi sono enzimi formativi dell'esistenza.»

Nel frattempo ci allontaniamo dalla nave, ed entrambi siamo nello spazio vuoto ma pieno di silenzio.

«Vogliamo che tu veda questo nella tua pienezza interiore, qui in mezzo al vuoto senza nessuno al tuo fianco, io tornerò sulla nave, ti sarò accanto, mentre tu nella solitudine di questo immenso sarai al cospetto della creazione di quel mondo.» Sarai testimone del loro primo intervento sulle forze della natura di quel pianeta, esse saranno sorrette dalla parola creante dell'Universo che quegli esseri sanno veicolare, ma tu sarai partecipe, vi imprimerai un atto di volontà in un sentimento maggiore darai il nome al principio di quel mondo.

Poi lei si allontana e io rimango lì in mezzo al nulla, ma non ho alcun timore, poi sento la sua voce sempre all'interno della tuta che mi dice: «Stanno arrivando, l'analisi energetica sta individuando una breccia nel tessuto universale!»

All'improvviso si apre un'immagine davanti a me molto distante, come se dal cielo stellato diventasse tutto nero, e poi una nave semisferica della stessa luce del sole uscire da lì, non si sente alcun suono tutto sembra muto e silente, lentamente da quel varco esce quella nave immensa, che proporzionata al pianeta può essere grande 400-500 chilometri, poi si ferma stazionando lì immobile.

Lei mi dice: «Non aver paura, loro sanno della nostra presenza, sii sereno.»

Escono centinaia di piccoli velivoli dalla luce gialla e vanno verso il pianeta sondandolo ovunque, poi uno spiraglio di luce viene emesso da quella immensa nave a forma di stella gialla ed esce un essere, anche lui in una sorta di ameba di luce attorno a sé che lo custodisce, lo osservo mentre viene verso di me, me lo trovo davanti con due occhi di luce che a stento riesco a mettere a fuoco nel dettaglio dei suoi bulbi molto grandi, poi allunga le braccia verso di me come a volermi toccare, io faccio la stessa cosa con lui o lei, non so se è un essere femminile o maschile in quanto ho la percezione che sia entrambe le cose.

Tocco le sue mani anche se tra esse c'è la mia tuta e il suo rivestimento energetico, ma sento la sua energia scorrermi dentro arrivando fino al cuore, è un momento meraviglioso, un momento indimenticabile, credo resterà con me anche oltre il termine di questa vita nella sua forma terrena. Non sento né parole né gesti, due esseri di due mondi e dimensione diverse, che hanno il loro primo contatto lì in mezzo al nulla del cosmo, per decretare la nascita di un mondo al cospetto di esseri Devici, guardiani della natura della cellula pianeta che verrà manifestata, che sento interiormente osservarci, dando il loro consenso al manifestare planetario di una nuova cellula portatrice di vita! Il suo dialogo non era fatto di parole ma di sensazioni profonde che solo il cuore sapeva interpretare una sorta di telepatia dell'Anima. Egli nella sua luce profonda e calda mi osservava penetrando l'essenza stessa del mio divino, il mio terzo occhio era in contatto con la sua sfera mentale che vedevo palesarsi non più composta da due meandri celebrali, ma da un'unica matrice di pensiero cosicché la sua unità si coagulasse nella mia, quasi riuscivo a concepire un simile stato mentale in un processo che non nasceva dalla materia neuronale, ma da un insieme di particelle di luce-coscienza, ero affascinato da un tale stato, qualcosa mi mostrava l'abissale stato di esistenza di simili esseri, rispetto alla riflessione di uno stato mentale dualitario, ero davanti alla verità più pura che mai conobbi da un essere vivente, a tal punto che tutto ciò che persisteva al di sotto di quella vibrazione negli esseri senzienti nella mia visuale, risultava impreciso poiché loro erano ancora dominati dalla dualità stessa. Fiumi di sensazioni riempivano la mia coscienza ultraterrena, donando un vasto campo di semi che sarebbero nati con il tempo venturo, lui aveva inseminato il mio essere con una nuova componente spirituale, poiché nella nostra essenza divina tutto è in espansione infinita. Attraverso la sua visione riuscivo a penetrare la progressione infinita delle dimensioni e dei suoi stati di coscienza, come se uno dopo l'altro i portali dimensionali si aprissero in me, il mio Cuore che pulsa all'infinito e la mia Mente che trascende i suoi confini. Io ero diventato un Soffio del Verbo Etereo che dagli abissi più profondi s'immergeva nei cieli dorati di una nuova natura umana, in un mistico attimo di infinita elevazione raggiunsi la consapevolezza che "Io Sono l'Universo intero", poiché attraverso di lui avevo raggiunto la XII^a Dimensione della Vita, per poi tuffarmi negli oceani della Sorgente luminosa. "Per Amore" è ciò che conduce terra e cielo a fondersi con l'infinito nel suo linguaggio universale, è ciò che non fa differenza tra caste e razze le unirà finalmente tutte! Poi distaccandosi dal mio interiore si allontana dirigendosi verso la sua nave di luce, in realtà non vissi il distaco emotivamente, ma qualcosa mi rassicurava che ormai eravamo una sola cosa divina, poi scocca un piccolo bagliore e la nave si divide in due dischi uguali, che cominciano ad allontanarsi l'uno dall'altro e a dirigersi verso i poli del pianeta, posizionandosi iniziano a emanare dai loro bordi filamenti di luce molto estesi che si allineano alla fasce elettromagnetiche del pianeta che scaturiscono dal centro energetico all'interno, che dimora in tutti i pianeti della creazione. Questi filamenti si interfacciano parallelamente con le linee energetiche del pianeta amplificando la vibrazione di fondo che fluisce in modo naturale nell'Universo: il canto riverberante della Parola della Fonte, che nella chiave del suo silenzio genera come un suono ordinatore i codici della vita in tutti i pianeti della creazione, là dove i mattoni biologici della vita lo permettono. Intervenendo in questo modo, di fatto accelerano notevolmente quella che è la naturale evoluzione del pianeta, poi due navi più piccole escono dalle navi madri ed entrano nella porta dimensionale nel viaggio verso la loro casa di Luce, lasciando lì le due grandi navi a compiere il loro millenario lavoro; dopodiché continuo a fare continui balzi nel tempo in cui loro, arrivano per brevi periodi scendendo sul pianeta e controllando che tutto proceda correttamente. Se ne vanno compiendo questi balzi decine di volte, osservo nello scorrere delle ere dal mio punto di vista oltretempo la fioritura di una Cellula Cosmica, finché giungiamo al tempo presente, in cui la vegetazione è ormai prospera ovunque, e quindi pronto a ospitare la vita animale, mi rendo conto che ho visto l'evoluzione di un mondo che in poco più di qualche millennio ha raggiunto ciò che la natura crea in miliardi di anni, rientro nella mia nave e rimango con lei abbracciato molto tempo, dopodiché mi dice: «Il Cosmo è retto da un'immutabile legge di causa ed effetto alla quale nessun essere, nessun potere nessuna religione da essi condotta può sottrarsi, poiché queste forze che nel tempo hanno pilotato il dominio delle umanità e delle società in modo virtuoso.

Immagine Vito Vitulli

Dovranno rispondere dinnanzi all'unica verità creativa, poiché alcuni si sono alleati per promuovere l'involuzione psichica degli uomini, creando scienze capaci di ridurre l'intelletto umano e nella sua inerzia dirottarlo verso comportamenti, che fanno comodo all'élite dominatrice della Terra. Questi emissari del potere involutivo agiscono negativamente sull'armonia creativa di quella forza che emana da sé perfezione. Sappiate che la dualità è una libera scelta quanto il libero arbitrio stesso, quando vi polarizzate verso l'Amore ne scaturisce che elargite comportamenti verso i vostri simili, che vi slegano dalle forze gravitazionali del male che genera sofferenza, nel mondo che ora abiti è stato calato un velo illusorio al di sopra della realtà creata dal Sommo Vita, tale membrana è destinata a cadere, questa pseudo-realtà che vi affianca vi polarizza verso uno stato di non-vita deviata dallo stato psichico sonnolente, creando continue vicende che vi allontanano dal realizzare la missione dell'Anima, essa giunge nella materia alla ricerca dell'equilibrio e del completamento, fine ultimo dell'evoluzione prima di tornare al grande oceano della Luce. Anche tu stai compiendo lo stesso cammino, l'ultima grande battaglia per l'Amore assieme a noi, che in ritmi temporali differenti scendiamo sul pianeta per la creazione del nostro Divino Essere, *"Ica manur blassier onesch"* "Per far rinascere il Dio che Sei": lo Spirito intelligente che prende vita nella mente umana soltanto quando la coscienza tornerà a pulsare al ritmo del cuore e della sua profonda visione della realtà.

Poi partiamo per tornare sul pianeta, Sede Centrale per le Alleanze Cosmiche della Pace e dell'Amore che Unisce i mondi in un'unica grande collettività per la Vita. Da questo momento devo fare il percorso inverso, ritornare sulla stazione di ricetrasmissione sul mio pianeta dove lascio la mia nave, dopo aver sorvolato per una seconda volta lo splendore di quel mondo e le sue meraviglie. Tutto ciò esala quell'Amore che in me già dimora da tempo, in questa nuova realtà si amplifica a dismisura, vi è un sussurro costante alla mia memoria di continui balzi in un remoto passato, nell'energia di quel pianeta stella, ho ritrovato me stesso nella mia totalità. Vedo immensi vascelli cosmici portarsi nell'esterno di quel mondo, aprire portali stellari e inoltrarsi dentro, destinati a chissà quali grandiose missioni sparse all'interno del Tutto Vita della creazione. Vorrei poterti far percepire ciò che vissi in quel posto, io e probabilmente altri della mia stessa origine, in quanto so perfettamente che non sono il solo qui su questa Terra, altri in questa Sacra Madre sono scesi con me, i miei compagni di viaggio e so che ne troverò molti, probabilmente tutti, per il grande ritorno a casa che un giorno sarà. I miei occhi non vogliono distaccarsi da quel mondo, una forza potente continua a volermi riempire la vista di quel Paradiso ritrovato in cui il mio cuore si unisce al suo Cristallo Planetario.

Ma poi devo voltarmi e dirigermi verso la stazione di partenza per il viaggio cosmico, e da lì assieme a lei tornare attraverso la rete di Coscienza Cosmica, alla stazione orbitale che c'è qui sopra la Terra a molte decine di migliaia di chilometri di distanza da essa, arriviamo dopo un ennesimo meraviglioso viaggio nelle Trame della Fonte, in cui finalmente senza più timore mi immergo totalmente lasciandomi cullare nella libertà dell'anima, realizzando l'apice nella serenità della mia visione contemplativa nell'estasi più penetrante, di un essere: pienamente beato, finalmente in me ho riconosciuto il mio Cuore come la Coppa che contiene l'Infinito dove l'Amore nel suo equilibrio ristabilisce l'Ordine tra il Caos e la Bontà Divina che riluce in me, questa volta mi perdo assieme a lei totalmente, in quell'infinito oceano d'Amore. Il mio viaggio prosegue finché giungiamo alla stazione dove sono riassociato nella mia forma terrena "eterica astrale e mentale", saluto fuggevolmente **Jonar**, che mi lascia il suo ultimo pensiero: «Tu sai bene che in un cuore arido non può nascere seme, ma se lo alimenti compassionevolmente con Amore allora vedrai germogliare il suo primo palpito verso un sentiero glorioso. Torna sulla Terra e forgia milioni di Cristalli Dorati.»

Il nostro abbraccio si scioglie per lasciarsi cullare da quello con **Jepsut** che mi riempie l'anima e lo spirito del suo riconosciuto antico amore, a un orecchio mi sussurra: «Quando il divino in due porzioni di cielo si riconosce, intere schiere celesti si inchinano e donano loro petali di rose cristalline.»

C'è un segreto che si realizza solo nella matura età dell'Anima e dopo un'eonica e profonda immersione nei principi sacri di uomo e di donna. In una reciproca contemplazione l'uomo sta in realtà assorbendo la parte femminile di Dio, e una donna che contempla un uomo, sta facendo lo stesso atto divino in se stessa.

Questa è l'alchimia segreta, percorsa da spiriti che dopo un infinito vagare tra i mondi e le loro realtà, accolgono una sacralità potente che li guida in ogni momento del loro caotico passaggio nella materia, dove l'uno che gioca a essere due si ricompone nella sua beltà, l'Amore che solcherà i vostri cuori infiammeranno miriadi di coppie sacre, ad avere il coraggio di fidarsi delle loro percezioni sottili.

Ora loro sapevano che io sapevo e ricordavo, mentre nei nostri occhi era rinata la certezza antica della nostra unione, il tempo incalzava dovevo rientrare nel mio corpo. La parentesi temporale aperta nello spazio-tempo della Terra ha un suo termine, prima che collassi l'atemporalità.

Poi saliamo sul disco adatto alla trasmigrazione di coscienza tra corpi sottili eterici e astrali a quello materiale che è rimasto qui sulla Terra per la riassociazione. È giunto il momento di lasciarci temporaneamente tra le dimensioni mentre siamo teneramente abbracciati e lei tiene il suo capo sulla mia spalla e il suo respiro si unisce al mio mi dice: «Noi vi siamo sempre vicini, non vi lasciamo mai soli. Noi siamo Voi, Voi siete Noi, siamo esploratori dell'Infinito, alla ricerca della perfezione. Non vi può essere divisione se non per mezzo dei veli della mente umana.»

Ci stringiamo forte, avverto che lei cerca di essere razionale e non mostrare il suo dispiacere per far sì che io non crolli emotivamente, ma io la sento esplodere dentro. Dopo essere salito su quella pedana la vibrazione fortissima mi fa ritrovare nel mio corpo terreno, e di scatto, mi fa sobbalzare con il cuore in gola, mentre il suono della sua voce mi dice: «Io sono al tuo fianco, io sono il Tuo Amore.»

Mi rilascia a questa ferrea realtà materiale, e una confusione totale di paradigma mi lascia sconvolto, mi alzo e con coraggio e imperturbabilità interiore mi reco con amici a quell'incontro spirituale a Genova.

Capitolo Cinque

L'UOMO PERDUTO

Ancora una volta la mia essenza osserva la parte oscura della vostra cultura, mentre porta avanti la sua opera di distruzione, muovendosi nell'atto finale verso l'oblio delle sue memorie, sono stato testimone delle vostre millenarie vicende vivendole in prima persona, e come ogni volta questa vostra quinta razza è testimone dei propri fallimenti, che nelle sue cadute, danno adito alla selezione e all'esodo degli individui meritevoli di un'altra opportunità, non è giudizio né condanna, ma la libera scelta del singolo individuo che determina il suo stesso destino, poiché ogni Anima giunge su questa Terra con un suo preciso scopo, nel grande arazzo che compone l'evoluzione planetaria, anch'essi sono degni dell'amore dei piani sommi della beatitudine, e degli alti stati dell'Amore, chiavi necessarie per la tua stessa evoluzione affinché erediterai il mondo che sta nascendo tessuto con argentei fili cristallini in una dimensione più elevata nello stesso mondo in cui abitate ora. Mentre tu sperimenterai la bellezza del Nuovo Creato risorto sulla Terra, loro dovranno giungere sui carri celesti e i capi degli Ordini delle Stelle su nuove frontiere dell'involuzione, costretti a lasciare la veste dell'Anima che nella morte seconda tornerà nel grande oceano cosmico, e la scintilla che in essa vive dovrà tornare sui passi primordiali dell'evoluzione, interpretando nel suo esodo la forma più elementare della vita, e come un seme che nasce in un filo d'erba rivivere tutti i passi dimenticati dell'insetto e dell'animale. Grande pena e nostalgia della vita per coloro che seguiranno questo destino, poiché non compresero il dono della vita, né in loro e né nelle creature alla quale la tolsero drammaticamente, ingegnosi generali e capi di strutture preposte all'annientamento della vita innocente, per soddisfare l'egoico potere di cui si rivestirono nutrendo la loro parte oscura, guidano masse di esseri non padroni di se stessi, ipnotizzati dalla rabbia atroce che ti spegne il cuore. Come in tutte le ere del vostro passato che ho potuto osservare e rivivere, ogni civiltà ha dato il meglio e il peggio di se stessa, e nel suo atto finale ha donato i figli migliori al ripopolamento della razza successiva come anime in nuovi Corpi Planetari Spiritualizzati, mentre i cruenti piangeranno se stessi. Questi freddi esseri saranno i responsabili increduli e non sapienti di esser osservati e misurati nel loro operare da Creature Spirituali, che dialogano con loro nel silenzio dell'eterico piano, parole acquietanti per il loro animo nel cercare di dare loro una Nuova Ragione, ma costoro con paraocchi al cuore lascian gesto all'indifferente comprensione, ahimé tale scelta sarà come una pesante armatura che li affogherà nelle profondità degli oceani, nelle abissali penombre della loro tristezza. Anche loro un giorno nell'infinità del Tempo Creazionale riconosceranno se stessi e l'Amore che rinnegarono, agognandone la rivestitura, anche loro comprenderanno il senso della vita e delle gioie che da essa si vivono, che avrebbero potuto godere di una bellezza inestimabile ma che sprecarono l'esistenza, accecando i loro sensi superiori con azioni barbare. Ma tu che ti distingui mio caro, mia cara, che del tuo cammino ne hai poggiato ogni passo al cercar di esser giusto e retto, e che con tanto impegno hai desiderato di raggiungere uno stato elevato della tua esistenza, a te spettano grandi opere nel riconoscere un esistere beato dopo la grande tribolazione. Verrai ricoperto con nuove vesti di Luce e preziosi ornamenti spirituali, ci saranno coloro che dalle città celesti scenderanno per acquietare i cuori spaventati, e coloro che tra gli umani furono selezionati per il loro grande cuore e per il loro ardore spirituale, insigniti delle sapienze necessarie per poter esser di conforto e da guida per gli smarriti del tempo che verrà. Beffardo e sciocco è l'uomo che agisce contro la propria volontà spirituale poiché è sordo e cieco a ogni ragione che l'anima sua gli detta, amore e consolazione dono a costoro, che sia il dono nel quale si rivestiranno mentre vanno a prender posto alle gonfie file per il mondo della nuova rifioritura animale, mentre alcuni di loro sono ancor in tempo per cambiar destino, questa non è una punizione suprema ma semplicemente una grande purificazione di anime che, ripetutamente si sono adornate di frequenze bassissime, e che possono essere lavate soltanto in tale modo, il maggior atto di decadenza nell'evoluzione dell'anima, è l'azione fisica di un uomo che uccide un altro uomo.

A te uomo saggio e buono ricco di amore che conoscerai il mondo che ho già visto e vissuto, ti dico preparati a conoscer realtà a te inconcepibili, a conoscere sentimento così grande che rilaverà ogni tua pena vissuta su questa Terra, poiché l'amore che vivrai farà di te un essere sconosciuto alla tua attuale comprensione, giacché le nuove frequenze che avrai faranno slittare la tua coscienza, la tua consapevolezza a qualcosa che farà fatica a comprender ciò che eri ma che ora sei ancora! Sarà come un essere che raggiunge la sua Maturità Spirituale e rammenta le gesta di quand'era nella culla mentre non sapeva parlare e riconoscere la bellezza della vita, poiché la sua maturazione era ancora acerba, tu ora sei un frutto che sta maturando che ornerà il grande albero della vita. Buona fortuna nella tua intramontabilità per il tuo prossimo Viaggio Spirituale.

Immagine Vito Vitulli

Capitolo Sei

PASSI GIÀ VISSUTI

Quel mondo che ho visto creare, ospiterà le Anime di coloro che hanno fallito ripetutamente tutta la loro epica evoluzione, di fatto chi ha compiuto gesti efferati e ha messo termine alla vita altrui in questo ultimo periodo, è di certo destinato a iniziare nuovamente il suo percorso ricominciando dall'incarnare la forma di coscienza più semplice ed elementare del ciclo vivente della natura inferiore o di uno di questi stati intermedi, attraverso il passaggio di una morte dopo la morte, tutto il loro percorso evolutivo verrà riversato nella grande Akasha Cosmica, e quando saranno in vita non avranno più la possibilità di attingere ancestralmente dalle esperienze precedenti, ma come contenitori vuoti inizieranno la loro scalata di conoscenza attraverso le prove dei piani duali, non dovranno incolpare nessuno se non loro stessi, o per essersi lasciati manipolare da poteri di dominio, di entità negative che fomentano odio e vendetta nelle menti, per primeggiare con la violenza su uomini che hanno massacrato i propri fratelli.

Questo triste risultato è l'opera di oscuri poteri Arcontici che si sono impadroniti della scena mondiale da tempi remotissimi, hanno sempre manipolato l'andamento degli equilibri energetici tra frequenze elevate e inferiori, creando accadimenti malvagi facendo sì che il nostro mondo non potesse uscire dalla morsa della dualità tridimensionale, poiché la Terra è uno degli innumerevoli regni dove il male può trovare libero sfogo negli individui e nella collettività, portandole a distruggersi l'una contro l'altra, la religione, i credi, la politica, il militarismo sono solo scuse per portare le masse sempre allo stesso destino: uccidersi vicendevolmente in quanto ciò che accade in questi atti miserevoli, sprigiona energia che nutre le entità dei mondi astrali inferiori che esistono come coagulazioni-pensiero prive di Anima, quelle stesse entità che pilotano nell'inconscio persone di potere creando in loro una simbiosi animica, che come marionette possedute creano eventi drammatici. La schiera di codesti talvolta rimane occulta alla popolazione in quanto sono alle spalle della facciata politica mondiale, la trama è sempre la stessa che va avanti da sempre, continuare ad avere individui vivi, generatori di energia sia mentre sono in vita che mentre compiono il passaggio in eventi violenti, non date loro anche il vostro potere energetico manifestando paure interiori, queste sono cibo per le entità parassite che regnano nell'eterico e nel piano fisico trovano il loro sostentamento. Lo scopo finale è generare paura a livello planetario, affinché con continui piccoli focolai sul pianeta regni la stessa situazione, e quando le cose sembrano migliorare ne creano subito una dopo l'altra, il mondo ne è pregno in ogni nazione e continente fino a scendere all'individuo stesso e ai suoi gruppi familiari, questo atto di guerra esiste su scala planetaria non escludendo nessuno, creano sempre il solito gioco: attacco, difesa e attacco, invasione/dominio, presa di potere nel territorio, malcontento/ribellione, attacchi terroristici in loco e altrove, in una catena senza fine. Non possiamo rimanere indifferenti al terrorismo, ma tali atti non devono in alcun modo destabilizzare la nostra centratura vitale, si tratta di avere una capacità osservativa che deve andare oltre le apparenze, perché se conosci la verità non puoi farti turbare dal gioco delle apparenze, essi mirano proprio a far dilagare questo abominio verso la vostra interiorità danneggiandola, coloro che hanno passato la porta della vita verso i regni astrali in questi eventi, sono già nel percorrere le trafile del ritorno, in nuovi corpi e nuova vita in un successivo passaggio

Passi già vissuti

evolutivo, nulla ha termine mai, diamo loro il nostro appoggio spirituale pregando che trovino la pace su quel che hanno vissuto negli ultimi istanti, e che scelgano di scendere nuovamente nella materia per condurre un'esistenza "dharmika" e non di vendetta "karmica", non ci resta altro che continuare a vivere sulle frequenze dell'Amore nell'imperturbabilità del nostro *Rigore Spirituale*.

Un giorno tra 1.100 anni in un futuro già osservato tutto sarà totalmente e divinamente diverso, e da questo presente a quel futuro l'umanità dovrà correggere le sue scelte collettive, ponendo forza alla fratellanza e all'abbandono graduale di tutti quei punti di vita, che creano dissesto inter-religioso politico e militare, poiché sono solo scuse per sentirsi diversi e per creare divisione, lo scopo di questi eventi è quello di farci cadere nell'odio, nella rabbia, nei rancori, poiché questi sentimenti negativi danneggiano solo noi stessi, non ci servono a nulla se non a gettarci nell'abisso del malessere, e questo è lo scopo delle loro azioni mirate soltanto a mantenere un mondo che va al contrario della vita, di certo questi sentimenti non aiuteranno nemmeno chi è stato immolato in nome della follia, non servirà proprio a niente vittimizzarsi nella loro stessa ferocia, la nostra imperturbabilità serve essenzialmente a creare un rafforzamento ai campi aurici di ogni individuo che ne comprende il senso, la subliminale esercitazione sulle forze difensive al maligno che sta devastando la ragione di esistenza della società umana, poiché l'unica difesa che abbiamo è quella di non farci irretire da questa stessa malevolenza alla vita non prendendone parte in alcun modo, e se una persona sviluppa tutto ciò di cui ho menzionato, vuol dire che l'evento ha avuto forza e controllo nella nostra interiorità e abbiamo fatto il loro gioco. Poiché osserviamo tutto con gli occhi e con la mente che creano le emozioni, belle o brutte che siano, l'unico nostro potere è attivare i sensi superiori di visione e di consapevolezza, da lì in poi tutto appare chiaro, poiché scoprirai la trama oscura che regna su questa Terra. Potrai anche rimirare i cieli spirituali da dove tutto viene gestito al meglio perché ogni Anima conduca la sua evoluzione attraverso i mari del Tutto esistente, di bene e male, del piano della dualità, molti sono i motivi di incomprensione, il primo è quello di credere che dopo la morte non vi sia nulla, o l'eterno riposo, concetti creati appositamente per soffocare l'anima nel corpo mentre vive la vita.

Rimanete saldi in mezzo alla tempesta anche quando spazzerà forte, buona Vita in Amore e Pace, siamo eterni viaggiatori cosmici della multi-dimensionalità, *Anime Immortali Spiriti Eterni* che persistono nello Spirito le dissoluzioni universali, e cosmiche poiché siamo frammento *"dell'Origine Prima"* che non può cessare la sua esistenza mai. La Fonte nella sua meticolosa perfezione, genera mondi e Anime per uno scopo ben preciso, quella Forza ambisce alla qualità della Vita nella sua *Estetica Spirituale* e dei mondi che la vivono, e farà di tutto per spingerli lungo il sentiero dell'evoluzione planetaria, elargisce tempi immensi per far sì che si arrivi a questo *Principio Sacro dell'Esistenza*, questa Forza vuole che l'Essere Cosciente evolva assieme al suo mondo, e se questo non accade, nei suoi tempi ciclici riordinerà tutto a un nuovo *Compimento Planetario*, sapendo bene che nella creazione non si spreca nulla, tutto viene meticolosamente rigenerato e ridonato ai processi evolutivi universali in un ordine perfetto. Tutto appartiene all'Uno, e tutto rimarrà eternamente all'interno dell'Uno, la vita stessa non ha fine mai in nessuna creatura, nemmeno quella animale di cui facciamo parte anche noi!

Mentre per coloro che rimarranno sulla Terra, si realizzeranno nella nuova forma che porta con sé i nuovi codici di gestazione che dal cuore della Terra risaliranno fino al fulcro divino del cuore dell'uomo, quando nelle acque nel ventre della Madre verrà impresso il Verbo, il Suono! L'Uomo Nuovo verrà alla Luce Divina, per manifestare il potenziale spirituale nella materia nella magnifica completezza dell'Essere, avrà il potere di usare nuove forme di comunicazione, non saranno parole ma frequenze della coscienza evoluta, ritornando a comunicare con tutti gli elementi del pianeta, con gli alberi con gli animali e con gli spiriti elementali, poiché riconosceranno il ruolo del nuovo uomo venuto alla luce in grado di manifestare il pensiero di Dio Padre Madre e l'amore senza più debito karmico!

Nell'essere cosciente di se stesso, dominano forze contrarie, egli dovrebbe polarizzarsi nel *Terzo Essere di Mezzo*, esente da queste due forze ma osservatore dell'interazione, e in questa nuova Essenza, trasferire tutto ciò che di bello genera e crea nella sua vita, tutti quei sacri principi che lo rendono un essere meritevole delle attenzioni della Sorgente, in questo modo avrà creato qualcosa di non governabile dalle forze della dualità. La *Terza Essenza* è quella parte che dimora al di là della forza di dualità, e quindi non influenzabile da questa legge, noi siamo come due parti in contrapposizione ogni essere duale è così, all'interno della nostra coscienza esiste sempre, sì e no, bello e brutto, piace non piace, questo è il prodotto della dualità che si manifesta nel piano fisico della coscienza mentale. *La Terza Essenza non pensa, non giudica, osserva e apprezza tutto, Ama tutto, Accetta e Accoglie ogni cosa come Perfetta e Sacra,* senza esalare continui pensieri distorti, appunto dal piano duale della mente, che è in continuo combattimento con se stessa, al punto a volte di entrare in conflitti interiori, non risolvibili dove risposta non arriva mai a te nel tempo desiderato. *La Terza Essenza, sa già che cosa la aspetta, e lì in uno stato di quiete, attende il realizzarsi della cosa, non conosce tempo poiché non è nel tempo e dal tempo non è dominata.* Non dimora nella mente e nemmeno nell'Anima, ma sta tra il confine che vive tra l'Anima e lo Spirito nell'intangibile spazio, dove non esiste dualità, nulla e niente la deforma e la distorce, scavalcherà la mente, perché se passasse attraverso la mente si sformerebbe nella mente stessa, la mente sarà soltanto il suo veicolo per giungere al nostro cosciente. Noi essenze fisiche compenetrate da tutti i livelli sottili ed eterici, fino a giungere alla Fonte, noi esseri umani, rapportandomi a te e me, siamo come due palazzi alti mille metri, con mille finestre chiuse uno di fronte all'altro, nasciamo con tutte le finestre chiuse poi nel fiorire dell'Essenza Divina, le finestre pian piano si aprono e la luce passa da tutte loro, da una all'altra quando saranno tutte aperte, e tu sei il palazzo, la luce dalle finestre passerà su tutti i piani, allorché tutto te stesso comunicherai attraverso di esse. La comunicazione avverrà tra tutte le dimensioni di esistenza e tutti i nostri piani sottili, potremmo stare in silenzio verbale, ma tutto passerebbe senza l'uso della minima parola!

Quando avrai trasmutato i principi della dualità, diverrai un essere unitario nei suoi concetti avrai creato qualcosa di simile al pensiero di Dio e oltre poiché avrai compreso che questa forza assoluta al di là di Dio non è né maschile né femminile, non è altro che esistenza oltre qualsiasi concetto dualistico! O forse sarai divenuto quella stessa Forza qui sulla Terra creando la memoria che annullerà l'ineluttabilità della morte fisica!

Verrà presto il tempo in cui l'uomo si renderà conto dei suoi errori abissali, e cercherà di correggere la situazione disastrosa del pianeta. La concezione di nuovi principi, sarà coadiuvata da reazioni e azioni non più fraintendibili dal pianeta nei confronti dell'uomo, egli non potrà più voltare lo sguardo da un'altra parte, dovrà accorgersi che il richiamo è mirato a richiedere la sua attenzione, tanto più sarai attento più comprenderai il linguaggio di

Madre Terra, tanto più sarai accolto nelle sue attenzioni nei tuoi confronti; a ognuno la sua libera scelta, a ognuno il suo giusto ricompenso, scegli tu stesso!

Poniti uno scopo nella tua esistenza, un obiettivo da perseguire, esso sarà la ragione del tuo destino, uomini non sopitevi nell'inerzia della mondanità affinché non divenga la vostra tomba, ma come impavidi vivete ogni giorno della vostra vita nel ricordo di quel momento di nascita cosmica in cui ti troverai davanti a Te stesso, questo è inevitabile poiché un giorno sarai davanti a Te stesso, fissa queste parole immortali nella tua Anima poiché sarà in quel momento che comprenderai le ragioni di ogni evento.

Chi salirà nella Quinta Essenza del proprio essere, conoscerà le meraviglie della creazione! Buona fortuna a tutti, e che l'amore vi accompagni Eternamente nella nostra creazione!

Il sentimento umano della tristezza della sofferenza è causa di malessere solo quando è condizionato da una causa esterna, scatenata da energie inferiori, quando questo non nasce da un ordine divino ti porta a consumare l'energia vitale, ma quando non sei più manipolabile da queste forze esterne non è detto che questi sentimenti non nascano più, anzi quando ne senti l'insorgere ti accorgi come abbiano tutt'altro effetto su di te e addirittura come possano essere trasmutati e condizionati verso sensazioni superiori, come da essi non nasca più uno stato vittimistico ma una sequenza per riordinare il tuo interiore, quindi la disconnessione animica è causa di una sofferenza distruttiva, ma se sei connesso alla parte più alta di te stesso quando in te scorrono queste sensazioni sei capace di trarne bellezza e profitto di crescita, ti accorgi come più nulla ti porti a collassare in uno stato basso, puoi essere triste e un attimo dopo essere colmo di felicità, la consapevolezza è in grado di sublimare ogni cosa verso il fine più elevato, l'inferno e il paradiso non sono fuori ma dentro di te, sono dimensioni dell'assoluto che vivono la tua emozione.

Poiché Tu sei l'Universo Intero ascolta il palpito della vita universale e sarai capace di sconfiggere la dualità, un bacio dall'infinito oceano di Luce d'Amore a ogni cuore che abita Gaia.

Capitolo Sette

LA GRANDE META

Mia cara Anima luminosa, ciò che ti attende nel tuo eterno cammino è qualcosa che sfugge alla tua stessa comprensione, nella tua armoniosa danza, conoscerai dimensioni e spazi spirituali dove quella forza divina che ha reso cosciente la tua essenza, concede la libera espressione delle più sublimi forme di manifestazione, dove ogni essere nel raggiungere la sua perfezione nel fiorire delle sue espressioni interiori più belle, contempla di meraviglia se stesso. La Forza concede loro di manifestare il proprio splendore per emanare questa bellezza al suo esterno, cosicché tutti possano apprezzarla ed essere esempio di vita. Il segreto sta nell'integrare dentro di te dimensioni spirituali, che nel rifulgere del tuo cuore si esprimono nel tuo mondo dal tuo interno!

Un giorno nelle tue scalate ascensionali ti troverai al *Confine Celeste*, dove nella liquefazione riverberante delle manifestazioni fisiche, risorgerai nell'estasi più elevata, ti troverai su quel confine, dove nel varcarlo sarai pienamente consapevole delle tue più alte forme di Luce, e nell'espressione di quella forza creante, diverrai tu stesso emanatore di sublimi creazioni, il *Padre Madre* colui che in quella *Potenza Creativa* qui chiamate Dio lascia libere le sue espressioni viventi, di raggiungere grandezze spirituali inimmaginabili, e non pone a esse nessun limite!

Non è forse lo scopo del maestro o di un padre, quello che in un lontano tempo il discepolo o il figlio possano superare il maestro o il padre stesso? Dio ha in sé questa sacra legge!

Pone l'essere creato nella condizione di superare se stesso, e nella eonica attesa che la *Scintilla Nascente* arrivi a contemplare se stessa nel creato, dalla quale fu emanata, consapevolizzando la luce/suono, spingendola nei mari luminosi della *Sorgente* a realizzarsi senza limiti di espressione ed espansione, poiché in essa pone il seme dell'intelletto che irradia nella sua materia intelligente, attende che il seme si riconosca nel terreno dalla quale assorbe la vita, e pone la pianta che dai fiori manifesterà frutti che genereranno semi, tutto torna a essere ciò che un tempo fu in un ciclo infinito.

Nel tempo che verrà tutto troverà la sua celeste logica, attraverserete molte prove planetarie! Caro figlio degli elementi, esse sono necessarie affinché attraverso queste dinamiche ti realizzerai in tutto il tuo *Brillare Spirituale*, portandoti in una nuova armonia delle tue sfere interiori cosicché tu possa arguire a una nuova *Sensorialità Percettiva*, che ti porterà a seguire il sentiero che lo Spirito ti porrà dinnanzi, esse sono donate all'essere umano al fine di comprendere alcune regole applicate delle leggi universali, alla quale sono sottoposti tutti gli esseri che raggiungono la consapevolezza di *Se Stessi*, tutti dovrete rendervi conto dei diritti e dei doveri universali ai quali siete soggetti, e che il più grande miracolo è la tua stessa vita, atta a realizzare un'esistenza che giorno dopo giorno si libera di quei programmi costruiti da poteri oscuri che manipolano la tua esistenza e soprattutto la tua mente, e la considerazione che ha l'essere umano nel rapporto stesso del riguardi del pianeta che sostiene la vita. Tutto questo è supportato dall'evoluzione del pianeta perché esso possa liberarsi di tutte quelle pesantezze che lo opprimono, nell'elevarsi alle frequenza che il Pleroma del centro galattico infonde ai pianeti in fase di passaggio vibratorio, quando vi promuoverete al conoscere del piano che vi attende, conoscerete la bellezza dell'amore che in noi fiorisce nascente, ogni giorno della nostra esistenza, un giorno scenderemo sul mondo che vi

La grande meta 79

ospita portandovi quella conoscenza e quella consapevolezza, che vi servirà a realizzarvi ancor oltre a quel che sarete in quel tempo venturo, vi inviteremo a bordo dei nostri vascelli e solcherete al nostro fianco le distese oceaniche dell'universo a voi sconosciuto, attraverseremo nebulose, galassie, universi, conoscerete la luce di nuove stelle e le immensità dei Cosmi e attraverso di queste meraviglie comprenderete quanto è grandioso muoversi in tali bellezze di creazione, saranno un'ennesima chiave per la vostra espansione, vi accompagneremo in mondi dove la bellezza più sublime ha preso forma da tempi immemori, nel qual tempo gli esseri ivi abitanti hanno generato le magnifiche bellezze, di cui si sono circondati in ogni angolo dei loro mondi, dove l'essere rinasce attraverso la sua elevazione, manifestando la moltitudine degli aspetti del creatore instillati in ogni singolo essere. Mondi dove ogni bruttura della vita appartiene ormai ai soli ricordi, di un'evoluzione che ha promesso loro all'opera compiuta, vive in voi un segreto a voi celato da sempre, la pulizia interiore di tutto ciò che vi mantiene pesanti agli accadimenti del vostro mondo, e delle situazioni interpersonali e familiari, siete tutti primi attori del grande palcoscenico della creazione, se seguite con arguzia questo processo vi purificherete, vi innalzerete oltre la vostra struttura coscienziale, spezzando le catene che vi tengono imbrigliati ai dolori che nascono dagli attaccamenti di certi affetti, e attraverso il compimento di questo processo avrete diritto d'anima a ritrovarvi al nostro fianco, noi saremo felici del compito a noi affidato da un tempo remotissimo, dal creatore della forma e della sostanza spirituale in essa contenuta, noi agenti spirituali del Padre Madre, abbiamo nel nostro cuore così tanta gioia da riversare nel vostro, ma tutto è in attesa che il vostro cuore raggiunga, le ottave vibratorie che il Padre Madre ha prefissato per l'incontro finale, quel giorno voi sarete immensamente felici di accoglierci sul vostro mondo come vostri nuovi fratelli, ma lo saremo ancor più noi tutti perché se voi non sapevate della nostra esistenza, noi sapevamo della vostra fin dall'inizio dei tempi, quando alcuni di noi scesero al vostro fianco, per essere i vostri padri, le vostre madri, i vostri fratelli e le vostre sorelle, i vostri figli e le vostre figlie, poiché soltanto così potevamo suggellare un patto d'anima e di sangue, che scendeva fino al vostro vivere millenario fondendoci con voi, non ci sarebbero più state differenze in quanto sareste divenuti la nostra famiglia a tutti gli effetti, come la vostra storia ci insegna che non vi considerate parenti se non per un fatto di sangue, poiché ora siamo legati nel sangue, voi siete a tutti gli effetti la nostra famiglia terrena, è così che il Padre/Madre suggella l'unione di tutte le sue famiglie cosmiche, al di là delle autorità terrestri governative religiose e militari, vi aiuteremo a riconoscervi come scintille di puro Amore, è così che presto ci ritroveremo al grande banchetto d'onore, a suggellare un nuovo patto con gli abitanti della Terra dove infinite altre razze vi hanno preceduto, in quegli stessi saloni dove fu presa la decisione di venire in vostro soccorso eoni fa, la gloria di quel momento eccita i nostri cuori in quanto abbiamo atteso così tanto tempo, che quel desiderio è divenuto immenso! Vi inviteremo nelle nostre case divenendo le vostre, visiterete le nostre città celesti, che navigano negli spazi cosmici verso mondi bisognosi, e se vorrete sarete al nostro fianco in quelle opere che il Padre Madre nostro vuole come figli a lui più vicini, da tempi immensi varchiamo coraggiosi le distese creazionali come suoi figli che nella sua gloria si sono riconosciuti, mettendo in opera tecniche e sapienze per voi inimmaginabili, che se vedeste reputereste atto di pura magia, ma per noi quella magia è stata strumento di grandi atti d'Amore, in tutta la manifesta creazione, un giorno sarete con noi e condividerete la gioia che nasce, nell'aiutare il disperato che a stento vive in un mondo lontano milioni di anni luce da casa vostra, e allora come noi giungerete a comprendere che se in quel luogo lontano vivi lo stesso amore che vivevi nella tua casa, potrai scoprire che anche lì sei a casa tua!

Sarà in quel tempo che scoprirete il grande potere dell'Amore, un'energia che avete sempre confinato al significato di una parola, ma che potrete sperimentare appieno soltanto nella realizzazione di nuovi stati di coscienza, molto più elevati di quelli che possedete ora.

Poiché in questo tempo non potete comprendere interiormente, qualcosa che è così sconosciuto, che i vostri limitati sensi fisici non possono percepire, non è colpa vostra ma è semplicemente il normale processo evolutivo, alla quale l'essere vivente partecipa per la sua stessa manifestazione, in piani di esistenza sequenziali che realizza nell'eterno scorrere del tempo.

Ed è ciò che sento io ora in questo tempo su questo mondo chiamato Terra, che ora è la mia casa!

Ama più che puoi, riempitene, rivestiti, ma sii Amore e scoprirai che ogni passo in questo sentiero è pieno di meraviglia, nell'osservarti che ogni gesto ti solleva al di là delle nubi, dove sorgono i primi raggi di sole del mattino della nuova era solare!

Ewen anà tèsèt

L'Amore dell'Anima è di origine eterna e con la sua potenza gli esseri divini che lo portano alla luce sostengono l'Universo, e la continuità delle cause di sostenimento della Vita.

Capitolo Otto

L'ANTICA MISSIONE STELLARE

Nella natura della luce vive la connessione con il Tutto, vive la *Parola Ponte* con gli elementi, nulla è separato dalla Luce di cui tutto è costrutto! Tu sei il luogo ove la Fonte si concentra nella trascesa della forma ti informi nel respiro del cosmo, dissolvi i tuoi confini, nel vuoto il suono perde la sua natura per scivolare e farsi cullare nel vibrìo della Luce, la mia parola si muove nella Luce e la Luce è il pensiero stesso mentre scorre nella tua intelligenza. L'Avatar giunge nel suo principio convogliato, attraverso il mantra più antico della Creazione, scorrendo in lui la mia Divina Corrente, collegando l'origine di te stesso, camminerai passo dopo passo nel mio suono, riconoscendoti nel dialogo degli elementi, ti parleranno della loro natura Divina. Solo nel vuoto sei il tutto ove riverbera il canto del mio silenzio, e quando ogni elemento ti parlerà ascolterai la voce dell'animale come il canto dei fili d'erba, e delle parole tonanti di una pietra!

Nulla più sarà silenzioso tutto sarà in piena comunicazione con il tuo Io unico supremo, dove la Fonte tiene l'attenzione costante!

Nnnaaammm.

Dal cuore del regno di Shambhalla, ove risiede la sede centrale delle operazioni per l'evoluzione umana di superficie, vi porgiamo le parole del nostro cuore e l'impulso intelligente della nostra mente.

Le 4 colonne reggono il vostro mondo, esse tremano mentre sorreggono l'intera cattedrale planetaria! Vacillerà! Per 450.000 cicli vi è stato concesso riprovare, camminando al fianco del sentiero dell'Amore, senza avervi quasi mai messo piede ove i 144.000 dell'origine, sempre vi hanno camminato mentre simulavano il mestiere dell'uomo terreno, cosicché conoscessero la verità umana! Siamo lì in quel sentiero mentre porgiamo a voi le nostre mani, nel quale il marchio dell'amore mai svanì per far sì che voi lo riconosceste! Nella natura dell'Amore rinascerà l'uomo, che saprà cogliere il bacio della rosa mentre si espande nell'infinito del vostro cuore, donando lo splendore della scintilla divina, che in esso dimora. Siamo ancora qui accanto a voi sullo stesso piano, nell'attesa della vostra fioritura, in 144.000 arrivammo e ancora siamo, 72.000 Coppie Sacre e mai nessuno fuggì in questa millenaria solitudine! Ma uniti da una grande fede nel cuore di colui che qui vi portò per servire l'Amore! Per servire l'uomo a ritrovarsi nell'Amore che lo solleverà oltre i cieli del mondo e dei suoi confini!

Rammento l'antico ricordo di quando il mondo e le sue genti ormai sembravano persi nell'oscurità, un grande consiglio riunendosi arrivò alla conclusione che la Terra e la sua razza dovevano ritornare al grande mare primordiale dove tutti avrebbero dovuto iniziare dal principio il loro lungo sentiero evolutivo! Ma un essere e un manipolo di valorosi si sentirono in dovere di obiettare e che uniti, avrebbero potuto cambiare le sorti di quel mondo e dei suoi abitanti: "Partiremo e porgeremo il nostro palpito nel loro cuore, doneremo loro un pensiero nuovo." Famiglie intere partirono, altri lasciarono a casa mogli e figli; mariti e padri lasciarono gli amori alle spalle in un pianto soffocato, da squarciare i cieli che stavano solcando mentre intraprendevano il lungo viaggio. "Andremo sulla Terra insieme a loro, e nelle ere mostreremo un nuovo principio di vita, una nuova fratellanza, li aiuteremo a conoscere l'Amore, ci mischieremo con loro, saremo i loro padri, le loro madri, i loro figli, i loro fratelli, cosicché noi conosceremo loro, e loro inconsciamente conosceranno noi."

Sono passati così tanti millenni da quel tempo, ma l'Amore che avevamo allora, ci sta riunendo quaggiù sul pianeta poiché una grande famiglia partì per la Terra, quella famiglia che ora si sta radunando in nome dell'Amore.

Giunsi qui nella vostra antica casa con un seguito glorioso. Giunsi qui al fianco della mia amata cosicché tutti noi fossimo discepoli e maestri nelle stesse passioni, cosicché nel nostro Amore vi sareste riconosciuti anche voi figli della Terra! Poveri coloro che nella donna non riescono a vedere il proprio completamento spirituale e umano, esso è l'unico elemento che permette all'uomo di andare oltre se stesso, riconoscendosi in lei e nella sua natura, è il principio divino della riunificazione dei due elementi che un tempo erano una sola cosa, tutto è consapevolezza, ma per molti quante vite ancora dovranno vivere per giungere a questa consapevole realizzazione! Perché dai piani spirituali venne ideata la separazione di ciò che un tempo era un'energia unica? Perché nella separazione dei due opposti attraverso la singolarità della personalità, avvenne *l'edificazione dell'ego e dell'egoismo* e nell'identificazione che alimenta la propria presenza *dell'io individuale*, cosicché soltanto il vero Amore oltre questa concezione fosse in grado di andare oltre i limiti della separazione, unificando nuovamente nell'impersonalità i due elementi nell'Uno, trascendendo forma e interiorità nell'unica essenza che dimora contemporaneamente, in due corpi distinti, entrambi solcheranno il sentiero della risalita spirituale verso i piani della realizzazione dello spirito che li porterà verso una nuova concezione dell'esistenza, già qui mentre siete in vita su questa Terra! Sebbene sarà necessario che tu agisca con Amore, in tutte le cose che farai, in tutte le parole che esalerai, poiché esse trasportano il tuo interiore all'esterno, verso colei o colui alle quali sono dirette, essa sarà la scelta della via giusta!

Dirigendoti verso le tue più grandi realizzazioni umane.

Non vi resta altro mie care anime d'amore che unirvi totalmente.

Le infinite onde generate delle Tue esistenze, riempiono il tempo della Mia eternità, creando una continuità della Mia esistenza, e della Mia permanenza, il tocco del Tuo pensiero da senso logico all'osservatore che ne gode l'infinita bellezza.

Capitolo Nove

IL DRAMMA DELLA CADUTA SPIRITUALE

Nella natura dell'evoluzione spirituale esistono una serie infinita di trabocchetti, tesi a ingannare l'incauto camminatore dello Spirito! Come trappole magnetiche lo portano direttamente a cadere miseramente poiché sono le grandi prove che mettono in coerenza il discepolo della luce! L'antagonismo, la "competizione", l'invidia, sono tutti frutti dell'Ego! Mettere in risalto se stessi e chi ci fa comodo, e mettere in ombra altri che potenzialmente potrebbero mettere in ombra noi è il diretto risultato di un fallimento spirituale! Questi trabocchetti interiori non arrivano casualmente, sono le grandi prove per colui che crede di aver realizzato traguardi ragguardevoli, credendo di essere riuscito a raggiungere la vetta del monte che lo porterà a toccare i cieli dello Spirito, mentre invece ha raggiunto il più grande precipizio delle sue cadute!

Essendo questo un periodo di grandi prove interiori saranno molti a cadere in tali eventi! La mancanza d'amore sincero e vero sono le cause di tali scelte egocentriche e della fruttificazione dell'Incoerenza Spirituale.

L'ego non va accantonato o rilegato cercando di soffocarlo ma deve essere trasmutato in quanto è una peculiarità dell'essere umano che è stata essenziale nel corso della sua evoluzione.

Ma per chi ne fa del suo cammino un sentiero d'Amore, avrà guide, maestri ed esseri d'Amore che giungono da remote stelle al suo fianco che gli apriranno gli occhi, nella visione della verità verso tutto ciò che lo circonda!

Poveri coloro che vivono nelle proprie irremovibili certezze, e nella convinzione della propria solitudine universale, un giorno dovranno abbattere ogni muro che hanno eretto volontariamente attorno a sé, per inginocchiarsi nella forma umile davanti a ben altre realtà, ma tutti noi saremo lì a farvi vivere l'infinito che vi attende per condurvi alla vostra realizzazione interiore! Ed è per questo "Anima del Mondo", che esiste un solo percorso che ti farà trascendere la materia, non farti mai ingannare da tutto ciò che non arriva dalla pura Luce! L'unico sentiero è quello che passa per il cuore, e a ogni passo accoglie la fragranza della rosa, il suo profumo e la sua delicatezza, sia il tuo fare su questo pianeta e tutto ciò che fai e generi nel tuo pensiero, la rappresenti nella sua essenza, se questo sarà il tuo inizio, immensa sarà la Luce che accoglierai in te, e a ogni tuo respiro ti accenderai nella pura radianza celeste dei piani spirituali, che dalla Fonte si getterà in te per elevarti alle sue sommità! L'uomo che in questo processo si risveglia a se stesso, desidera con ardore appianare il suo karma essendone diventato cosciente, nel bagaglio da lui accumulato e chiede all'universo che esso venga risolto, ma attento uomo che se il Karma accogli, integrerai la tristezza a esso correlata, camminando nuovamente nel dolore, questo ti rigetterà nuovamente nella tristezza divenendo difficile rielevarsi nuovamente, rendendo il tuo cammino lastricato di irte spine! Vi è una via veloce e indolore che solo amore ti donerà, è la via del Dharma che fu ideata dalla pura luce dei piani sommi, imboccala ancor prima che il Karma si presenti al tuo uscio! Se ti poni in questo lato del divino all'uomo offrirai un altro destino che non è quello della tristezza, ma dell'amore in ogni gesto compiuto! Allora dai tuoi occhi uscirà Amore, dalla tua Parola uscirà Amore che rilaverà nell'Amore i duri di Cuore, scioglierai quei legacci che ti legano forte il Cuore, e impediscono che ti manifesti in tutta la sua bellezza! L'unica via è quella dell'Amore,

Il dramma della caduta spirituale

non attendere dietro la porta che il Karma si presenti, prendi coraggio e forza nel tuo Spirito donandoti nell'animo, a quella forza che ti farà aprire alla Luce e donarti al Mondo mostrando a tutti la via veloce, che ti conduce a realizzarti nell'unico fine, dell'essere vivente che solca in questo tempo la Terra! La meccanica karmica fu ideata da esseri intermedi nell'assolutezza della creazione molto al di sotto del confine celeste dove la dualità finisce e inizia il piano dell'Uno. Dove un'immensa entità di luce e ombra vigila e gestisce il tutto nel suo sconfinato potere nelle dimensioni, sotto se stesso di ogni paradiso inferiore, molte religioni e credi terreni dirottano le loro energie veneratrici proprio a questo essere confondendolo per inconsapevolezza in Dio "la Luce è Luce e genera soltanto Luce" questo sistema fu ideato per mantenere vivente il piano inferiore della creazione obbligando gli esseri in un circolo vizioso senza fine in uno stato di predazione dell'energia vitale dell'anima, uomini della Terra, il *Grande Portale* presto si aprirà siate pronti nel cuore e nell'anima! Potreste già adesso contenere così tanto Amore, e tutto è già pronto dentro di voi a contenere l'*Infinito Lucente* che è la *Radiazione della Sorgente*, divenendo voi stessi *Sorgente nel piano materiale*, accogliete il bimbo nascituro dentro di voi, e la madre che la vita gli dona, realizzerete il manifestarsi dell'assoluto Trino stesso, *"padre/madre/figlio"* nella stessa creatura e quando questo accadrà sarai oltre il piano mentale, perché tu stesso avrai trasceso quello stato!

«Ho aperto una breccia in un uomo affinché io potessi parlare al suo cuore! Nelle lacrime sono stato accolto, le lacrime che lavano la coscienza dell'uomo che unendosi, si trasformano nel ruscello che riempie il mare cosmico della mia creazione, dove immensi fiumi d'amore manifestano la vita in tutta la sua vastità nei mondi fisici e metafisici, accogli nel tuo cuore la mia lacrima radiante e brillerai d'infinito.»

Uomo quanto potresti essere meraviglioso in questa tua nuova rinascita! *Ama, Amati, a fatti Amare,* nella Luce per la Luce, divamperai come un sole quando in queste tre forze ti esprimerai! «*Ti Amo, mi Amo, e so di essere Amato*» benedetto è l'essere umano, meravigliosa è la vita sulla Terra, quando vissuta nel cuore mentre inizia il suo processo di ristrutturazione spirituale.

L'uomo inconsapevole della conoscenza delle leggi universali affronta il karma in modo totalmente incompreso, essendone non conoscitore né del cammino reincarnativo, né delle regole che si manifestano nei piani sottostanti a quelli dello Spirito, ne risulta che ogni azione che ha generato in vite passate e che riscatta tramite il Karma in questa, la affronterà come una malevolenza del destino o della sua stessa vita sfortunata, non cogliendo così in senso del Karma e del suo insegnamento, questo è dato da più veli o membrane che separano la coscienza terrena da quella animica fino a giungere a quella dello Spirito, le due coscienze non comunicano quindi il piano delle due evoluzioni che dovrebbe essere coerente non avviene in modo diretto e di fatto rimane scollegato dalla Supercoscienza dello Spirito, questo non è perfezione, non è un prodotto della Fonte in quanto le stesse anime continuano a ripetere gli stessi errori all'infinito, se osserviamo lo stadio evolutivo di una persona a livello animico relativo alla coscienza del presente ne possiamo quantificare un determinato fattore, dovendogli dare un numero in una scala tra 0 e 10 nomineremo il suo fattore di crescita coscienziale in 3, se andiamo oltre la sfera presente e andiamo a osservare la coscienza che aveva 50 o 100 o 500 vite fa nel passato, noteremo che il suo fattore è sempre 3 o poco meno, appare evidente che lo spin evolutivo debba avvenire in modo prorompente in una sola vita, quella verso la fine del ciclo galattico in cui una determinata percentuale di esseri compie il salto quantico, in una convergenza armonica dei flussi vibrazionali dei meridiani corporei e dei corpi sottili attraverso energie kundaliniche e spirituali. Anche dopo il passaggio nel piano dei disincarnati, e dei successivi piani astrali l'apprendimento che se ne ha di tale legge verrà dimenticato nella ridiscesa nella carne!

Una percentuale infinitesimale riesce correttamente a prendere un'altra via favorevole, ma rimanendo insignificante al contesto evolutivo di un'intera civiltà! Pochi alla fine del ciclo di evoluzione passeranno al prossimo, questo perché chi regola la legge del karma non arriva dalla Fonte ma è sottoposto a quell'essere che amministra tutti i piani sottostanti, al piano dell'unità nei mondi fisici Il Demiurgo che sottostà a Kall il gestore al Confine Celeste!

Tutto ciò che c'è sotto compreso dimensioni e mondi anche più evoluti di noi, saranno soggetti a questa legge dettata da questo essere che ne regola i principi e che al tempo stesso, non desidera perdere il completo controllo del suo sconfinato dominio che si estende a tutta la creazione soprattutto quella tridimensionale. (Smantellare la Matrix.)

Il Ponte per l'Assoluto

Il cuore conduce il suo canto

che viaggia nelle trame del tempo e dello spazio,

poiché si irradia in ogni direzione, arriva l'espansione,

l'apice nel cuore si apre,

e lì vi abbraccio nella mia sfera

che dal cuore s'accende

e nell'immenso vi porto poiché voi siete me,

che cosa aspettate umani di Gaia,

che cosa aspettate figli delle Stelle,

che cosa aspettate ad amarvi tutti,

al di là di ogni differenza,

di ogni pensiero collettivo,

poiché non è il pensiero che vi eleva,

ma è l'onda divina che dal cuore nasce,

c'è una sola lingua universale, che connette tutti i popoli del creato,

ed è un tono: il tono dell'amore,

è la chiave che apre tutte le porte nella sua innocente bontà

ma soprattutto apre voi stessi, che siete la Chiave Prima!

La mente spesso è la vostra vera nemica!

Poiché chi vi attacca, attacca la vostra mente

sapendo bene che è l'unico centro di sequenza, che manifesta reazione!

Chi vive nella mente resterà qui nel caos,

chi vive nel cuore, conoscerà le meraviglie, che vi rivestiranno di amati cristalli universali, poiché l'unica reazione del cuore è l'Amore, sappi ascoltarlo nella sua Forza Celeste.

Io non sono Massimiliano,

lo Spirito non ha tempo,

non ha spazio, non ha nome,

egli percorre le onde dell'Universo

segue i vortici dei 5 bracci che si irradiano dal centro,
le braccia che tutto accolgono, nel cuore del Galattico Centro,
ove il Padre Mio mi esalò
io sono il Figlio di colui che tutto vede,
che tutto manifesta,
che tutto Ama,
l'Amore che è in tutti voi, il sentiero che vi condurrà davanti alla porta di casa a realizzare la stessa consapevolezza!
Il cuore pulsante del grande Amore vi donerà
la gioia che mai uomo conobbe,
l'amore che uomo mai conobbe,
vi riempirà cotanto,
la Vostra Luce abbaglierà ogni cosa!

«Poi un giorno osserverai il grande labirinto che separa i mondi dell'illusione di Maya dal piano dell'unità, scoprirai che nulla di fisico potrà oltrepassarlo nemmeno l'eterico corpo, soltanto la Cellula Originale della Fonte che in te vive eterna Sorgente vi avrà accesso, l'infinitesimale frammento divino che contieni e ti contiene potrà varcarlo.»

Imparate a muovervi attraverso le dimensioni e nell'aldilà, e di fatto avrete sconfitto la materia, in quanto andate e venite mentre siete ancora in vita!

La Divinità è un'arte che si conquista, non puoi mettere un diamante in un abitacolo di fango perché soltanto quando avrai trasformato questo fango nello scrigno sacro il diamante nascerà. Nessuno nasce divino tutti nascono con una splendida opportunità nel poter essere realizzata, l'uomo è un recipiente d'anima "collante universale dello spirito alla coscienza coltivata" che può contenere l'infinito ma questo abitacolo deve abbattere i suoi confini e le briglie della sua mente, il sacro è qualcosa che si edifica con estrema fatica poiché non c'è opera più faticosa che dissolvere tutto ciò che credi di essere, poiché lo Spirito non è pensiero non è parola non è emozione, quella fatica necessaria ad annullare tutto ciò che sei poiché tutto ciò che è umano è un riflesso speculare dell'Essenza Splendida.

Ti invito a guardare la vita attraverso una visione non più di questo mondo ma di un apice "sogno di ciò che un giorno sarai nell'ultimo tempo" di una compassione senza confine, ti invito a guardare gli umani per il grande potenziale che è stato posto nelle loro stesse mani, ti invito a riassorbirti nel tuo silenzio profondo, ad ogni parola ed in ogni pensiero perché tu non sei tutto questo "poiché sei una poesia di silenzi" tu sei l'essere originale il rifugio divino della Mia particella lucente dai mille brillamenti, sede della Dimora Suprema edificata nella materia, sogno di una forma finita che custodisce il mio infinito mentre tu stesso sei presente in tutto l'universo mio creato, ma solo quando il tuo occhio vedrà attraverso i sensi del cuore, mio amato Figlio.

Capitolo Dieci

IL PORTALE VERSO L'UNO

Nell'aprile del 2015 ebbi un contatto diretto con colui che viene chiamato Kall, l'essere che è composto di luce e di ombra! Intrapresi un lungo viaggio attraverso le dimensioni dei paradisi inferiori assieme a colei che completa la mia Anima all'interno di una struttura che limita la distrazione animica permettendo di non soffermarsi in attrattive beate di certi piani ammaglianti. I suoni e le luci che trapelavano attraverso gli spiragli di questo mezzo isolatore lasciavano quieta la mia coscienza astrale merkabica, ma al contempo mi donavano una sensazione profonda di quello che stavamo attraversando finché giungemmo al confine celeste, l'Orizzonte degli Eventi Creativi del Pensiero dell'Uno.

Quando fui dinnanzi al suo cospetto nella sua grandezza, immensa quanto quella di un monte, la mia razionalità non accettava tale verità di proporzione, e mi chiedevo se questa apparizione così eclatante dipendesse dalle grandi differenze dimensionali, e di realtà non concepibili per il dominio mentale umano, chiunque si sarebbe raggelato l'anima e fuggito rapidamente anche in quello stato spirituale. Egli mi lasciò procedere oltre nel Portale verso l'Uno Assoluto, perché alla domanda "Chi Sei Tu?" io gli risposi nella mia verità in quanto mi ero riconosciuto, in ciò che realmente sono e a quella Parola, "che ognuno di noi deve realizzare interiormente" egli sa che ora Tu sai coscientemente nel tuo Io più profondo, al di là di ogni convincimento soggettivo del pensiero celebrale di questa realtà pensante, e ti lascia passare nei regni oltre a quelli che sono manifesti oltre al piano di *"Dio"* nella pura luce della pura coscienza nella Sorgente di tutto ciò che È." (Lascio a te la bellezza di realizzare la stessa consapevolezza.) Ritornando in quei regni, luogo tuo natio nello Spirito godi di uno stato estatico così profondo, che non potrai portarne memoria nella concettualità terrena, ma rispolverando quell'intelligenza nascosta che da sempre dimora in te, in una sorta di traduzione morfica per la coscienza umana adeguatamente filtrata affinché possa essere compreso dall'individuo.

Per trascendere attraverso la coscienza il piano duale in tutte le sue densità, dovrai realizzare la consapevolezza dell'equilibrio tra le due forze e l'interpolarità tra di esse, affinché non sei più dominato dai principi di interazione che queste forze hanno verso i tuoi piani mentali e di coscienza emotiva, spesso mi sento dire da molte persone che intraprendono il cammino spirituale, che non vedono l'ora di abbandonare il piano della materia per dedicarsi alla vita dei piani spirituali dell'amore cosmico, ma io dico bisogna essere estremamente sensibili per capire che per abbandonare un mondo fisico, ne devi aver compreso prima tutte le sue sottili regole apprezzandole, e avendone edificato gli alti valori spirituali, e soprattutto i valori della dualità, comprendendo le origini della tua venuta nella materia e del compito dell'intermediario che qui sulla Terra avete confuso come Dio, ma che in realtà non è altro che un applicatore delle leggi di dualità di causa ed effetto e di karma e dharma tutte regole del piano duale, e non spirituale dei piani oltre il movimento o respiro universale di Dio che è speranza di raggiungimento di tutte le creature viventi attraverso quella che è identificata come l'Arte Reale nell'Alchimia della Via del Fuoco Sacro, e non certo l'inerzia che ottenebra le masse umane di questo tempo, ingannate da credi falsati messi in atto dall'umano desiderio di dominare attraverso i timori, e l'idea di avere un Padrone in cielo che ti punirà se non segui le regole che l'uomo stesso ha generato, poiché l'unica legge del creato è un essere che vive i suoi passi nell'Amore. L'alternativa al duro lavoro interiore rimane la passività di continuare a persistere nella materia nelle stesse dinamiche che hanno fino ad ora condotto la tua esistenza nella sequenzialità reincarnativa, ricerca, troverai applicherai e un giorno sarai libero anche qui nella materia, questo è lo scopo della tua discesa, divenire qui il Dio che Tu Sei lassù. Ma finché sei quaggiù in questo mondo scuola, hai tempo di imparare molte cose ma soprattutto di conoscere la tua Anima e il tuo cuore e rendere finalmente sacro il tuo tempio che un giorno farà spazio allo Spirito!

- 29 maggio 2016 -

Il sentire profondo di perdersi in mille mari senza confini colmi di beatitudine dove l'amore più assoluto pervade ogni tua sostanza di luce, dove il ricordo dell'ultimo Eden ti riporta al mondo della pura perfezione, sogno del principe dei pensieri creativi, al di fuori di un'orbita evolutiva terrena, verso il volo interiore più elevato ti porta a varcare la porta di Helios, là dove tutto ti verrà mostrato dove tutto riordina il tuo fallace pensiero nell'intelligenza originale, ma là dove il suo pensiero ti riforgia nella folgore trionfante del più compresso amore immaginabile, la porta si apre e tutto l'amore di infinite creazioni si riversa in te, fiumi di luce creativa si arrotolano nel vortice cosmico e la Sorgente ti avvolge nel tuo intimo crogiolo del cuore cristallo, Atomo di Prima Creazione che riassorbe tutto poiché hai compreso la creazione assoluta di tutte le creazioni, il tempo finisce e tu sei il centro di tutto, il primo uomo che comprenderà il senso di ogni cosa donerà la risposta a tutta la civiltà umana di questa ultima evoluzione planetaria, e delle infinite che pervadono l'infinito, il primo seme che nella corsa spasmodica feconderà l'uovo cosmico darà adito alla prima vita reale sapiente di sé, senso di ogni nascita di Spirito dove l'uomo lo accoglie e mai più mente governerà il suo destino umano, tutte le anime vengono richiamate nel suo centro e l'orgasmo cosmico dà vita a una nuova creazione. Il timoniere sarà lo Spirito stesso. Sarai benedetto dalle stelle mentre la fenice ti donerà le sue ali di cristallo.

Quando le porte di Helios saranno dissestate totalmente colui che possiede la cellula d'origine diffonderà dal suo nucleo luce divina, la dianetica antica dell'umana specie fiorirà e la sua essenza porterà nuova vita che come rugiada fresca brillerà all'alba del sole nascente. Benedetti coloro che sapranno ascoltare e vedere.

Cercherò di tradurre il linguaggio di un frammento cosciente di essere Dio Fonte in espressione terrena, quando faccio riferimento ai mari infiniti io cerco di descrivere ciò che sono gli oceani universali visti dal punto più alto dell'esistenza metafisica, cioè quando ti trovi a viaggiare nella creazione usando un corpo molto sottile ma che non ha limitazioni di realtà e dimensione.

La Merkaba nel suo stadio di espressione più elevata, quegli oceani dove tutto è perenne gioia ed estasi non concepibile da questa realtà dimensionale, in cui la tua coscienza e la tua Anima stanno sperimentando la vita. Ci sono svariati piani dimensionali e spirituali, dal più elevato nelle regioni dell'Uno fino a scendere al più denso che è il nostro, all'incirca a metà percorso scalare vi è una barriera chiamata Confine Celeste, lì ancora nell'Uno esiste un piano di realtà che la nostra Anima ricorda come l'Ultimo Eden prima della discesa nei piani della dualità, dove iniziamo a essere sottoposti alle leggi di karma e dharma, di causa ed effetto, è un ricordo ancestrale che quando ripercorri nello sperimentarlo ti eleva oltre l'ordinario terreno.

La porta di Helios è il cuore creativo che c'è nell'interno del nostro sole, il fulcro divino dove risiede la dimensione più elevata

Il portale verso l'uno 99

e in effetti è un grande portale dimensionale che è connesso a tutte le stelle delle galassia, congiunto a tutti i cuori interiori alle stelle universali e cosmiche in una rete di connessione totalitaria, nessuna stella ne è disconnessa, come in una rete cosmica che connette il tutto in tutte le dimensioni, quando arrivi lì il grande carro del fuoco divino si unisce al tuo spirito e in un vortice cosmico ti porta verso casa. Un tunnel di energia così potente e indescrivibile, pura potenza pura forza emanatrice di stelle e di vita, ho scoperto che tutte le infinite tessiture cosmiche convergono in un unico punto di luce di pochi decimetri", lì è contenuto il tutto quando scivoli in quel punto e realizzi che sei tu stesso all'apice di ogni cosa, che tu sei Dio e la Sorgente stessa quando il tuo Spirito entra in risonanza, quella sfera diventi tu per coscienza spirituale, (non mentale o animica ma puramente Spirito riassorbito) allora sei il cuore di tutte le creazioni, l'Uovo Cosmico dove tutto ebbe inizio dove ogni forma di vita ebbe luogo, poiché lì sei tutto e tutti sono Te.

Quando ti realizzi espandi la stessa consapevolezza in tutti i filamenti tessitori delle anime spirituali, il centro di tutte le reti universali in quell'istante il tutto viene riassorbito energeticamente nel tuo centro stilla, o Cellula Originale. So bene che nessuna immaginazione per quanto vasta possa mai capire appieno che cosa significhi respirare l'infinito assorbire tutta la vita tutto l'Amore esistente

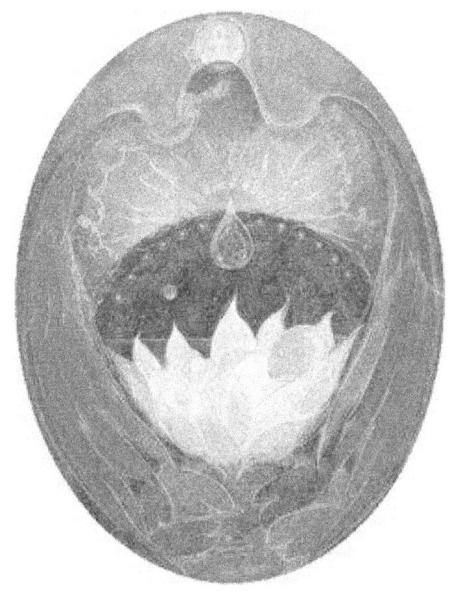

in tutte le realtà, non troverò mai parole adatte se non il forte desiderio che chiunque altra creatura possa sperimentare questo stato, vivere l'Amore Assoluto, un urlo di Spirito che rimbomba in ogni direzione, un suono che irradia in tutte le dimensioni, per dire a tutte le essenze spirituali la comprensione del senso del creato, questo avviene in un "non tempo" che collasserà nei tempi creati sottostanti in cui noi in questo tempo stiamo percorrendo, poi torni quaggiù e scopri che cosa sia davvero la mente e da che cosa è stata costruita programmata e idealizzata al fine di imprigionare l'Anima, se non si possiede la giusta consapevolezza per poterne osservare lo schematico funzionamento. Cosicché la metti in quiete e lasci che lo spirito prenda governo dell'abitacolo sacro del tuo corpo, ora diviene sacro e assoluto luogo dove lo Spirito finalmente comincia a vivere nella sua realtà più elevata, l'anima oscilla di gioia e finalmente ella è libera di esprimersi, di godere della vita, di piangere lacrime di Luce, di riempirsi d'Amore, urlare al cielo la sua felicità, urlare a tutti che esiste la vita, una vita che qui sulla Terra non è conosciuta, una stella che comincia a brillare in un corpo umano, l'estasi più rinnovatrice, l'Uomo Dio che diviene Sorgente, siamo tutti la stessa divina essenza siamo tutti radiazione di Dio Sorgente. Quindi cominciamo a fare il punto della situazione e la dovuta chiarezza, all'apice di ogni levatura esiste ciò che possiamo identificare con la Sorgente la Fonte che in fine è il vero Dio, a scendere nelle dimensioni troviamo i Creatori e il nostro Creatore come entità sublime, poi comincia la separazione e il controllore delle due energie Kall, alla quale la maggior parte delle religioni ed i loro fedeli inconsciamente dirottano le loro energie, alcuni di questi avendo un elevato valore spirituale le veicolano verso quello reale rimanendo comunque una minima parte, poi una serie infinita di piani e creature amministratrici dei settori duali, per ultimo troviamo un essere che si nutre attraverso

Il portale verso l'uno

una miriade di creature senza anima energia da ogni fonte di vita che possiede un'Anima, il senso di tutto questo è il mantenimento di una creazione che non ha origine divina, ma si è coagulata attraverso immense forme pensiero e accumulazioni egregoriche di flussi energetici, che hanno dato vita a una serie incalcolabile di entità e razze parassite che attraverso azioni sottili veicolano le genti dei mondi, a traumatizzarsi perennemente attraverso conflitti di ogni genere, attraverso persone assogettate completamente a questi esseri parassiti, vien bene per farti capire un esempio del genere a mo di metafora: *"Papà* - chiese il giovane demonietto - *Come si fa a schiavizzare l'umanità? Vedi, il nostro lavoro è semplice ma bisogna stare molto attenti. All'inizio dei tempi bisognava frustarli, e questa parte iniziale fu molto importante per far capire bene chi è il padrone, deve durare a lungo. Bisogna infliggere tremende sofferenze e patimenti cosicché nelle fasi successive crederanno con assoluta certezza di aver migliorato definitivamente. Piano piano qualcuno di loro, i più svegli, inizieranno ad arrabbiarsi e a convincere gli altri a ribellarsi. All'inizio li massacriamo e per un po' stanno bravi ma saranno sempre più arrabbiati e meno impauriti a quel punto dobbiamo NOI cambiare strategia e si passa alla seconda fase dove li lasciamo credere di essere liberi di lavorare i campi, inseriamo il denaro e pretendiamo da loro quasi il totale di quello che producono e li frustiamo solo quando non pagano. Anche in questa fase prima o poi si arrabbieranno e allora, sempre NOI, gli facciamo credere di avere dei diritti, gli creiamo delle istituzioni che promettono loro di proteggerli e loro non capiranno nemmeno da chi. E cosa più importante dobbiamo distrarli per non farli pensare, con lo sport, con la TV, con oggetti inutili e costosi che loro si indebiteranno per avere che tra l'altro produrranno loro stessi nelle NOSTRE fabbriche. Gli diamo la politica con la quale si scanneranno tra di loro e cerchiamo in tutti i modi di dividerli perché se si svegliano tutti insieme, noi abbiamo finito. Ora siamo vicini a questa fase ma teniamo duro.*

Più di tutto dobbiamo boicottare quelli che tra di loro sono più svegli e che li stanno guidando verso il risveglio e farli vedere agli altri come fastidiosi e diversi. Per ora ce la stiamo facendo perché gli altri sono ancora molto addormentati. Dobbiamo sempre e comunque spaventarli e più evolvono loro e più dobbiamo far evolvere i nostri strumenti per spaventarli: una volta c'erano le frustate oggi ci sono i pignoramenti se non pagano, tra l'altro su una base di leggi che hanno votato loro stessi. Presto o tardi però si sveglieranno tutti e noi dobbiamo mollare tutto e andare altrove. Ma papà, ma a noi non serve il denaro, che cosa otteniamo da loro di così importante per noi? A noi il denaro non serve davvero, è carta straccia che stampiamo a nostro piacere, a noi serve la loro energia che producono quando hanno paura."

Paura rancore odio vendetta cattiveria invidia depressione tristezza patimento, sono tutte emotività per scatenare in te quello che alle creature incorporee serve, come ti puoi difendere da questo? Ama sorridi sii felice e grato ad ogni essere che incontri, aiuta il prossimo amalo sostieni chi è in difficoltà abbraccia e scalda colui che è pervaso dal freddo del mondo.

Capitolo Undici

NON ABBIATE MAI TIMORE

L'uomo è bloccato nella propria interiorità e quindi verso la risalita spirituale, da tutta una serie di paure angosce e timori ancestrali che lo arretreranno, davanti alle sue più grandi realizzazioni divine! Se quando ti osservi nello scorrere della vita senti fluire nelle tue vene la paura, allora cerca di realizzare in te una giusta accordatura tra il tuo corpo fisico e l'Anima, per far sì che trovino il giusto punto di congiunzione! Cosicché tutto scorra in perfetta armonia, l'anima che sa sentire oltre la materia, ripulirà tutto ciò che di pesante ruota attorno a te e nei tuoi campi aurici! Ma per realizzare questo stato, tu stesso dovrai desiderare più di ogni altra cosa la tua pace interiore! Se non hai pace dentro come potrai trovarla per sintonia fuori di te? *Come potrai nutrirti d'Amore?*

Siamo nati in mondi lontani affinché l'Amore ci unisse su questa Terra e oltre le sue frontiere, fu solo per questo grande potere di trasmutazione e purificazione, che infinite civiltà si riunirono per sorgere su un nuovo piano della vita spirituale, molti di noi sono giunti sino alle porte del tempo, abbandonando gli onori del loro mondo perduto, e dell'incantevole visione di meraviglie che vivono sulle ali del ricordo di quel tempo, formulammo un'alleanza degli esseri delle sfere celesti, alcuni scelsero di rimanere di guardia d'onore per coloro che scesero nella densa materia della Terra, in accordo con i *Tessitori del Destino* dove Uomini Semidei dimenticarono le loro origini vivendo nell'indifferenza della vita umana nella sua più abissale profondità. La Terra, è uno degli infiniti palcoscenici della vasta arena cosmica, un infinitesimale punto sperduto nell'infinito, ma così ricco di significati e di valori, di santi di martiri e di imperatori che padroneggiano un potere illusorio su masse intrappolate in una realtà che un giorno cadrà, siamo qui a mostrarti che l'amore è il più potente mezzo per la tua crescita spirituale, nella nuova era dell'Acquario ti saranno donate nuove rivelazioni, il Sapere Celeste non verrà più elargito da aggregazioni spirituali e dottrine religiose della vecchia era che un giorno andranno a tramontare, esse furono preordinate dalle sfere spirituali per l'umanità di quel tempo ben sapienti che nel tempo l'uomo distorce tutto a suo favore, ma sarà direttamente impartito interiormente in coloro che avranno aperto le sette porte dell'amore arcobaleno, che nella coscienza ventura vi eleverà oltre ogni vostra aspettativa, ora dinnanzi e intorno a voi tutto sembra muoversi sotto la guida di poteri oscuri, l'ultimo anelito di vita di una razza senza gloria, che presto si spegnerà e gli impavidi ostinati portatori dell'ignoranza spirituale cesseranno il loro compito, così l'uomo che di amore respira, navigherà sugli oceani della conoscenza in cerca di un Nuovo Spirito di cui rivestirsi, giungerà all'alba di un sole nascente per glorificarsi nella nuova luce, e ognuno di voi nella solitudine della sua nuova visuale, scoprirà le grandi leggi e le regole universali, che lo guideranno verso la sua più grande realizzazione divina.

Immagine Angela Coraci

Sii il ricettacolo dove il suono e la luce creano la prima realtà, questo determinerà il conoscimento dei mille aspetti dell'amore, attraverso le tue infinite incarnazioni sei stato padre e madre, "l'Amore che genera" sei stato fratello e sorella, "l'Amore che si riconosce nella stessa sostanza generata" sei stato figlio e figlia, "l'Amore ricevuto" e in una catena senza fine si tramanda il ricordo di un primo amore generato e in te accolto da quella forza che tutto esalò, una sottile sensazione di un Amore senza confini, spalanca finalmente le porte del cuore affinché la luce dei mille cieli, che ti separano da te stesso illuminino il sentiero infinito che ti riporterà mentre sei ancora in vita fino a giungere al Primo Cielo, là dove la tua Sostanza Spirituale non è più soggetta ai confini di quella realtà terrena, che vuole tenerti cieco e sordo alla verità, abbi il coraggio e la fermezza di eliminare ogni pesante coltre che ti schiaccia a terra, isolandoti dalla bellezza di ciò che sei in verità, unisci al centro del tuo cuore tutti gli amori che hai sperimentato e arguirai all'Amore Incondizionato, poiché fu donato all'uomo di conoscerne le singole sfaccettature, affinché un giorno arrivasse a comprendere che avrebbe dovuto unire le sostanze vibranti che furono separate nella specularità della fisicità.

Tu sei il punto focale al centro della sfera, lo spazio vuoto della vacuità che ti separa, riempilo colmalo e avrai unito i confini al suo centro. Avrai sconfitto la tua dissoluzione.

La Scelta. L'umanità prenderà due strade distinte, una è la stessa che ha posto fine a tutte le civiltà che non conobbero amore nel passato di questa sfera terrena, l'altra è quella che condurrà coloro che nel cuore portano il segno dell'origine della vita, e come in un'Arca li condurrà in una realtà che viveva solo nei loro sogni.

Mi spiace per tutti coloro che non hanno nessun'intenzione di edificare il loro Corpo Spirituale ma è sempre stato così da che tempo ha avuto inizio.

L'evoluzione non può essere condotta in altri modi, non è punizione è solo la possibilità per quelle anime di poter ripetere tutto daccapo, e finalmente di porre i passi nelle giuste azioni, l'anima è eterna.

Possiamo solo gettare semi affinché qualcuno li trovi e li porga al proprio cuore prima della fine dei tempi di questo mondo.

Capitolo Dodici

MONTE SHASTA, REGNO DI TELOS

Mi trovo sul piano eterico in un luogo che conosco solo io, in cui dimora un portale sotterraneo interdimensionale, posto lì decine di millenni fa dalla razza dell'antica origine Lemuriana. Qui nel piano della materia, come molte volte accade mi trovo misteriosamente a materializzare etericamente in quel luogo, come se un'energia di origine ignota dimorasse all'interno di quella pietra sepolta, sento una voce risuonare nel notturno cielo stellato, avvisarmi che sarebbe arrivato e di non spaventarmi. All'improvviso vedo dei bagliori di Luce nel cielo davanti a me, un essere meraviglioso si materializza sopra di me, dall'altezza apparente di oltre due metri e trenta, emana una luce energizzante che mi investe l'Anima, la riconosco subito come un'onda d'Amore che scaturisce dal suo cuore. Scende davanti a me, *Adama* mi prende le mani, da molto tempo chiedevo che tornassero a prendermi e portarmi via da questo mondo, in quanto nel mio nuovo processo di rinnovamento di coscienza, mi rendevo conto di quanto fossi diverso dalla razza umana che mi era fraterna, nella materia ma non nell'Anima, vivendo in una sorta di claustrofobia senza via di fuga. Ma mi serviva tutto ciò a capire molte cose,

che in realtà siamo tutte anime del creato e che dobbiamo smettere di sentirci diversi, in quanto la Fonte Creante non ha differenze di riguardo nei confronti di nessuno, che sia di un mondo o di un altro, poi guardandomi teneramente mi dice:

«Ora sei felice che sia giunto a te? Ti abbiamo sentito molte volte piangere nella tua solitudine. Ma noi ti eravamo accanto e tu non te ne accorgevi! Noi ti asciugavamo le lacrime con le nostre guance e ti riempivamo il cuore con il nostro Amore!

Ma tu dovevi capire e questo era l'unico mezzo per farti comprendere la verità, che spesso sfugge a molti figli delle stelle che sentono il richiamo di casa ma che al tempo stesso non sanno andare oltre se stessi. Ma voi tutti siete qui per grandi ragioni, in primo luogo non solo per annullare le differenze tra di voi e la razza umana che nascono soltanto nella vostra mente, riconoscervi come parte del Tutto al di là di ogni differenza fisica culturale e animica vi pone nella strada per giungere all'Uno assoluto.

Anche tu dovevi comprenderlo, notiamo come addirittura molti figli del cosmo arrivino a disprezzare la razza umana per le sue nefandezze, fallendo la loro stessa evoluzione ponendosi un gradino oltre i loro fratelli.

Mancando di fatto l'integrazione del principio dell'umiltà e della vera fratellanza e dimenticando ciò che un tempo furono. L'umanità deve riconoscersi fraterna ai figli del cosmo attraverso la stessa fratellanza che loro dovrebbero sviluppare per le genti del mondo, notiamo come molti stiano fallendo miseramente la loro missione, l'acquisizione del principio divino dell'Amore.

Fallace è l'essere che non ama colui che sa di essere di un'altra razza, mentre lui sa che sta seguendo la via dei principi cosmici, e che ne ha fatto della comprensione universale? Sarà costretto a

Monte Shasta Regno di Telos

tornare sulla stessa terra per imparare che significa amare davvero oltre le differenze.»

Compresi così perfettamente ciò che voleva mostrarmi, e accettai di farmene una ragione che un giorno avrei compreso tutto questo, e della sua grande valenza spirituale anche per me, nonostante avevo già compreso che l'evoluzione di un'anima si misura nell'eternità del suo vissuto e non in una singola vita, sentivo il suo amore fluire attraverso le sue mani e dalle mie giungere nel mio cuore. In quelle elevate dimensioni non si può spiegare cosa avviene nella struttura energetica che vive il corpo eterico, è diversa da quella fisica. Il mio cuore si infiamma e dai suoi occhi fluisce in me qualcosa di inspiegabile, mi sento un tutt'uno con lui, il tempo sembra essersi fermato, sento il suo sincero amore nutrirmi l'anima, mi abbraccia e mi porta con sé tra le stelle, tenendomi per mano mi conduce fino al monte al di là del mondo, sorvolando mezzo globo scendiamo in una pianura circostante la montagna, è il 15 agosto del 2005 ci troviamo nello Stato della California, Stati Uniti d'America.

Poi cominciamo a intraprendere un cammino in un sentiero tra le rocce della vetta, attraversiamo uno splendido bosco di grandi pini, mentre saliamo sul monte lui mi parla di molte cose che avrei dovuto fare mantenendo forza e costanza poiché è un compito che non ti gratifica nella materia ma nello spirito di tutti coloro alla quale offri una nuova speranza di una vita libera di esprimersi nella gioia. Mi fornisce molti dettagli del mio compito ma mai obbligatoriamente è una mia libera scelta, due uomini che mano nella mano poggiano i loro passi nello stesso sentiero finché arriviamo davanti a una grande pietra, lui vi ci poggia una mano, e si apre un passaggio attraverso la materia che svanisce, entriamo percorrendo un centinaio di metri e arriviamo davanti a un'altra porta fatta di cristallo viola luminoso spettacolare. Egli pronuncia una parola, e la porta si apre, la luce di quel regno mi inonda il cuore portandomi a vibrare interiormente, a stento riesco a muover passo, l'emozione paralizza la mia volontà, vedo esseri meravigliosi che si muovono con leggiadria e grazia che appartiene all'immaginario angelico dell'umanità terrena.

Credo che la mia sincronizzazione temporale non sia perfettamente in linea con la loro, sento la netta presenza dello scorrere di due tempi diversi, poi entro in quel regno in piena libertà d'anima, giunge una donna vicino a me e mi guarda con una tale profondità da rapire interamente la mia attenzione, la loro essenza trasmette attraverso lo sguardo e il loro cuore una tale carica di espressione interiore, che per un essere umano risulta devastante viverlo, per la propria concezione di esternare il tuo *io intimo*, ma la magia di quel popolo lascia l'umano interdetto mentalmente.

Avanzo lasciando indietro lo sguardo di quella donna divina ma sento come qualcosa di lei rimasto dentro di me, inconcepibile per la mia conoscenza interiore di quel tempo! Mentre ci spostiamo all'interno di quel magico luogo dagli arredi interni di fattezza celestiale, sono rapito negli occhi da mille cose. Lo sguardo continua a saltare da un punto all'altro, poi vedo un gruppo di ragazzi e ragazze dall'apparente età di 15-16 anni ma dalla fisionomia un po' diversa dalla loro.

Li accompagna un uomo vestito da un abito blu cobalto. Lui mi dice che è un'équipe di giovani scienziati di un altro mondo, che sono in visita lì da loro. Per la comunità cosmica è cosa normale il libero scambio scientifico e spirituale per l'accrescimento culturale delle loro giovani leve. Li vedo molto incuriositi come lo sono io, ma si percepisce bene che sono abituati a cose che per noi sono incredibili.

Poi colui che mi ha portato in quella città celeste, mi dice: «Ti porterò in un tempio dove le anime si elevano al loro Infinito Essere ritornando al principio di ciò che fu un in tempo dimenticato.»

Prendiamo un altro lungo corridoio incastonato di marmoree cesellature dai fregi argentati, poi arriviamo davanti a un'altra porta di cristallo dorato. Mi dice di chiudere gli occhi e che mi avrebbe accompagnato per mano, mi sento un bambino di fronte a quegli esseri nel loro interiore elevatissimi ma anche nella loro statura.

Faccio pochi passi anche se non vedo nulla, sento un senso di grandezza davanti a me e sopra di me. Non resisto... li apro! Ciò che si presenta al mio essere è qualcosa di sconvolgente: una cattedrale immensa all'interno di quel monte, letteralmente ricoperta di ogni cristallo inimmaginabile dal luccicare di milioni di scintille di luce arcobaleno. Vi sono colonne di cristallo altissime che sorreggono la volta circolare dove la luce scorre al loro interno come se alimentasse tutta la struttura. Al centro del tempio vi è una fontana di luce cristallina con un'acqua prodigiosa, frizza come se una vibrazione sonora la rendesse esente dalla gravità.

Le opere figurative che sono riusciti a realizzare appartengono a un tipo di maestria che l'umano pensiero non può concepire. La bellezza di quelle opere è così folgorante per la mia coscienza che il tutto dura pochi secondi, mentre percepisco nella mia materia la forza vitale di Etherium che dal cuore della Terra, sale fino lì nel loro tempio e tutto vivifica. Esplodo in un'elevazione così prorompente che perdo il contatto con quel mondo di meraviglia, per ritrovarmi nel mio corpo di uomo, ricordo quello stato di estasi durarmi per giorni rimanendo difficile controllarlo nel mondo terreno, e il continuo risorgere di ricordi antichi dell'era lemuriana, quel maestro è riuscito nel suo intento, è riuscito letteralmente a fare prendere il volo all'anima mia! Mi sento libero di essere! Molti anni dopo avvenne l'incontro con Aurelia Louise Jones, nella forma superiore di V^a dimensione che ora occupa, colei che fu mandata a incarnarsi sulla Terra per essere canalizzatrice del messaggio di Adama, reggente spirituale del regno di Telos, accade in un autunnale sorgere di un giorno del 2015.

L'aprirsi di una visione che dà la sua osservazione alle pendici di un sacro monte: Shasta, luogo in cui sorge uno dei centri di purificazione ed elevazione della Terra, dove i Sette Sacri Raggi della pura luce elevano le coscienze al loro Alto Sentire Spirituale e alle loro stesse Divine Sommità.

La città celeste sulla Terra, la Porta della Trasfigurazione Umana portata in divino essere dalla coscienza cosmica, Telos, centro della grande rete di città di luce che si irradiano sulla Terra, Erks e delle città celesti intraterrene dei continenti dimensionali di Agarthi e Shambhalla dove risiede la Corte dell'Ordine del Cosmo in cui vengono accolti da orizzonti infiniti gli alti Emissari delle Sfere Celesti del Cosmo, portatori delle leggi universali, dove Telosiani, e Intraterresti dell'Intramondo Iperborei e Autorità Spirituali Terrestri di superficie scelti prima di questa vita, nati come figli degli uomini nell'unione di due anime che dal grembo di Madre Terra colgono la materia dove l'Alito dello Spirito ne viene accolto nascono così gli Agenti Spirituali dell'Energia Creativa sul pianeta Terra, Ponti tra i Mondi realizzatisi soltanto attraverso l'Armonia delle Sfere Interiori della Coscienza, tutti si riuniscono in un concilio per la guida dell'evoluzione terrena, e delle sue razze figlie conducendoli verso il completamento del percorso di integrazione dei Piani Spirituali Interiori.

Mi trovo seguendo un sentiero di ciottoli abbracciati da giovani fili d'erba, splendidi fiori che nascono dai contorni di rocce accarezzati da Terra di Vita, salgo su fino a giungere a una costruzione di tronchi di pino, abitazione che appare visibilmente di fattezza umana, lì mi attende una giovane donna dagli occhi d'incanto e dai lunghi fluenti capelli dagli aurei riflessi, nel suo sorriso così dolce e accogliente mi saluta, mentre io osservo lì attorno molti giovani ragazzi, guardiani che la accompagnano dai confini del loro mondo al nostro di superficie, mi sorride teneramente e mi osserva attraverso gli occhi l'Anima.

Poi nel suono della sua voce mi saluta chinando il capo, e con un gesto donato dal cuore attraverso la sua mano, lo muove verso di me e mi disse: «Osservi la felicità che ho nel rivederti, dalle cristalline stelle che brillano sui miei occhi, toccati dai raggi del nostro sole, benvenuto alle pendici della nostra casa di smeraldo.» Lei è l'espressione della gioia del compimento ottenuto, io so perfettamente chi è ma non chi fosse stata mentre era vissuta sulla Terra: una compagna fraterna del mondo di sotto che ora sta nel monte che unisce il cuore della Terra al Cielo, lascio dietro di me la pesantezza del mondo fisico di superficie, mentre vengo accolto dal regno paradisiaco nell'Athanor del monte Shasta. Con passi leggeri mi avvicino a lei che mi prende per mano, lasciando le punte delle sue dita sulle mie in modo leggiadro, con una delicatezza che esprime il loro modo di essere, ma che è anche il mio nella vita che fu in un lontano tempo e che ora sta riemergendo nella memoria del mio cuore, quel gesto di poesia donato da lei sa muovere il mio cuore verso nuove armonie, mentre i nostri passi si uniscono nel sentiero che ci conduce verso quella casetta di montagna, tutti quei ragazzi giovanissimi, guardiani della messaggera Telosiana sono poggiati a terra e ci guardano teneramente mentre passiamo dinnanzi a loro, finché giungiamo all'uscio di quella casa, entriamo e passiamo mentre vedo esseri umani all'interno che non riescono a vederci ma che noi vediamo perfettamente, mentre si sentono le loro voci come provenienti da molto lontano da un altro piano dimensionale, arriviamo davanti a un'altra porticina di legno che dà sul retro, la apre e attraverso un piccolo corridoio che costeggia il retro della casa verso le cantine, mi porta davanti a una parete di legno, dalla quale si vedono fessure di luce, poi mi guarda e dice:

«Tocca con la tua mano la parete legnosa.»

Lo faccio e le dico: «Sì sento la sua solidità, mentre riesco a percepire il vuoto che vi è al di là di esso», lei dice con un sorriso ammiccato: «Esatto il vuoto, l'essere umano crede che tutto quello che percepisce solido sia impenetrabile alla sostanza vivente, ma così non è, vige un immenso spazio vuoto all'interno della densità, il miracolo dell'essere che soggiorna nei regni astrali e dimensionali e che lo può attraversare con la sua stessa biologia senza conseguenze, perché ad accompagnare il suo corpo evoluto e più sottile vi è una coscienza consapevole delle leggi fisiche che reggono quel piano di esistenza. Tu ora ti trovi nel regno eterico di quinta densità, e puoi attraversare la materia del mondo di superficie, un giorno saprete farlo anche in quel piano stesso, ma prima dovrà attuarsi la grande trasmutazione del regno terreno a nuove realtà superiori, vieni con me, seguimi!»

Attraversa la materia di quelle assi di legno come se fossero d'aria, la mia titubanza cade e la seguo nella certezza della sua verità, è come attraversare la polvere sospesa nell'aria che solletica la tua pelle, un'altra certezza terrena è caduta verso una nuova concezione, della fisica dimensionale dove le quantiche leggi dettano nuove realtà.

Ci inoltriamo al di là di quella parete in una galleria scavata nella roccia, l'ambiente circostante nonostante nessun raggio solare vi penetri è illuminato apparentemente da nessuna fonte luminosa, inconsciamente so che in dimensioni superiori l'oscurità quasi non esiste, l'eccitazione atomica della materia emette luce seppur in modo non eclatante ma quel tanto che basta per rendere l'ambiente reattivo alla visione.

Quel corridoio sembra non finire più ma in modo dolce comincio a percepire suoni arrivare dal fondo, la luce si fa più intensa e da un'apertura ci troviamo in un incantevole giardino, in una grotta immensa e altissima, con alberi e rivoli d'acqua di sorgente, scendiamo una scalinata che costeggia la rocca interna, ci sono altre persone serenamente adagiate su rocce e prati in profonda meditazione accompagnate dal cinguettare di piccoli uccellini.

Mi prende per mano e mi dice: «Adesso ti siederai accanto a me e con grazia ti riporterò nel mondo del sogno umano.»

Mi affianco a lei, chiudo gli occhi e cado in me stesso, attraverso i vortici dei meandri meditativi quando vedo interiormente nuovamente il suo volto.

Lei pronuncia un nome, *"Aurelia"* e nel suo sorriso svanisce. Torno nella materia di questo mondo scoprendo in seguito chi lei sia stata in vita terrena!

L'arte e la sapienza che gli esseri universali possono manifestare è degna di esseri puramente divini! Un giorno anche l'umanità riuscirà a esprimere un'arte che la renderà degna della sua raggiunta evoluzione spirituale!

Un giorno l'Uomo stesso sarà pura arte e quando questo accadrà saprà chi egli davvero è!

Ti aspetto, nel cuore della montagna!

Nell'Athanor!

Quando sei ritornato a essere l'infinito oceano d'Amore della Sorgente di tutte le cose, sai che il Divino che c'è in Me è lo stesso che dimora in Te, questo diverrà l'abbraccio che ci renderà Uno oltre il confine della materia.

Il nucleo forgia la sua conciliazione universale mentre attende nella sua quiete che una delle sue scintille radiate, ritorni con tutte le risposte alle domande corrispondenti al regno nella quale si separò dall'unità Prima, quelle infinite complesse equazioni spirituali che ogni essere consapevole di essere in vita formula nel suo eterno esistere, poiché non saranno risposte che potrà trovare nel suo esterno, v'è certezza che ogni raggiungimento sarà vissuto e generato in essa, esse devono nascere nell'intimo di ogni Anima che rinasce in se stessa, non vi è scorciatoia non vi è sconto per l'opera che richiede serio impegno, la ricerca intima generata nel proprio raccoglimento interiore.

Capitolo Tredici

IL CALICE DEL TEMPO

- 13/14 novembre 2014 ore 24:00 -

Sto parlando con amici, dell'interconnessione che sperimento con le mie vite passate, e dell'interazione tra la mia vita presente, e queste coscienze posizionate in tempi, spazi e dimensioni diverse. Della possibilità che stringhe di informazioni scivolino dalla mia coscienza attuale a quella che ho in quelle vite.

Quando all'improvviso sento la stessa cosa attuarsi in me in quel presente in una singolarità dello spazio-tempo da un mio sé futuro, la precisa sensazione che una coscienza elevatissima come se il Dio di tutti gli Dei stesse in quel momento toccandomi l'Anima. Realizzo in quell'istante in una visuale più ampia il potere dell'universo, e che sono un cerchio infinito che allaccia tutte le mie realtà al di là di tempo spazio e dimensioni, un'illuminazione folgorante che siamo, la stessa Anima in evoluzione, sparsa nelle infinite pieghe del tempo e dello spazio, creando un collante universale che unisce tutto. Innumerevoli parti di me stesso dalle più svariate diversità accolgono la stessa essenza presente, che in ogni corpo si desta dall'illusorio senso di limitazione e si lascia assorbire nel tutto al di là degli infiniti orizzonti multiversali.

Il beato raccoglie in sé la sua introspezione, il tempo si ferma e in un frammento d'istante sono ovunque, e in ogni tempo compongo il tessuto stesso dell'infinito, nello stupore di un eterno infante comprendo l'immensità della mia grandezza, che si espande nelle molteplici dimensioni delle infinite realtà, che compongono l'arazzo di creazione pennellato dalla verità unica.

L'espressione della vita è un potente flusso, che scorre dentro e fuori di noi, delineandosi in tutte le nostre essenze per unirle, nella coscienza che abitiamo in questo tempo terreno, trascendendo di fatto il karma nel reciproco aiuto di te stesso infinitamente frazionato che coagula nell'unità del tuo presente. In quell'istante amo tutti i me stessi in ogni luogo si trovino e in ogni tempo si identifichino.

Varcando il Tuo Orizzonte Temporale

realizzerai

il collasso del passato e del futuro, nel Tuo attuale presente,

intraprendi il tortuoso sentiero verso la Sorgente, verso Casa.

Siamo vasi di argilla colmi di vita, di Essenza Divina. Il pensiero, l'Uno Dio irradia e riverbera in infiniti piani, negli spazi e negli interspazi del Creato laddove il limite non arriva a esistere.

Laddove anche l'uomo nella materialità

sa scorgere l'Infinito.

Molti sono i mondi del visibile e dell'invisibile,

molti sono gli esseri che li popolano.

In tutti scorre lo stesso principio divino,

quando la coscienza comprende.

L'Uomo diviene Uno

e le sue braccia si aprono all'Amore.

L'Universo si racchiude in un atomo di Materia.

Il calice del tempo

La matematica è lo scisma con cui Dio ha reso manifesta l'intera Creazione e nell'Amore vive l'atto risolutorio del tuo eterno dilemma.

Sono qui su questa Terra mentre camminando fra di voi, figli di una stella che compone l'oceanica vastità dell'infinito, figlio di una Luce che portate anche voi nel vostro cuore, osservo alcuni di voi scorgendo il riflesso di quella pallida fiamma offuscata da un'inconsapevolezza ereditata da un tempo che nasce da lontano, entro in me stesso chiudendo i miei occhi fisici di questo corpo umano, e la mia visione scivola attraverso la porta interiore dell'occhio spirituale in quella ultra terrena di un me stesso che giunge da un tempo lontano. Sono dinnanzi al riflesso di un vetro che riflette il colore smeraldino dei miei stessi occhi, vedo la vostra amata Terra in tutto il suo splendore e il Sole che le dà la Vita, vedo e sento il mio corpo laggiù sulla Terra confinato in un abitacolo che ne ottenebra l'origine, ascolto e vivo tutte le sue sofferenze le sue angosce, le sue paure, e mi rendo conto di quanto sia difficile la vita sulla Terra, comprendo quanto sia complicato essere costantemente vivi nella gioia, liberi di essere e di amare, ma sento anche l'immenso Amore che lo eleva dal mondo terreno, solo l'Amore vi darà la forza di sentirvi liberi nella vostra immensità, tutto tende a schiacciarvi verso il vostro interno, negandovi l'espansione che vi farebbe raggiungere le più alte bellezze espressive di una gloriosa esistenza. Come potrebbe una coscienza che vive separata da se stessa riuscire a gioire della sua grandezza se di quell'immensità ne conosce un infinitesimale frammento! Agite, reagite, rimanendo sommersi dai vostri pensieri annegando nell'oppressione di sentirvi incapaci di essere sereni, in vita ogni problema diviene dannazione e nell'arrendervi rinunciate alla vostra stessa evoluzione, da questo luogo di magia ascolto il pensiero della mia mente terrena, vedo il dipanarsi di quella creatura umana che ancora non conosce tutta la magia di se stessa, crogiolarsi nella malinconia di un'esistenza sfiorata mille volte nei vasti mari cosmici della creazione, ma questa vita vissuta sulla Terra ha il valore di tutte quelle esistenze cristalline, poiché ora possiedi le chiavi d'ognuna, possiedi la visuale d'insieme. Uomini che non hanno mai visto la bellezza dei colori più brillanti, che non hanno mai vissuto l'esistenza ricolma d'Amore, che non hanno mai sentito le musiche più belle dell'anima, rinata nella nuova gloria di un Amore inimmaginabile, eppur tutto vi è celato al sentire di un uomo terreno che vuole restare isolato dalla sua meraviglia splendente, se solo nel vostro interno vi venisse svelata la verità vi accendereste come un Sole. Ancora tutto questo non accade, noi da qui non siamo tristi nell'osservare questo in voi, poiché voi siete noi ma non ne siete consapevoli, ancora quel velo di connessione rimane tenace, e poiché sappiamo che presto molti scioglieranno il denso appannaggio che li separa dall'infinito che sono. Sono qui davanti all'immensa vetrata che mi dà la visuale sulla Terra sottostante, assieme ai miei compagni di viaggio, nel grande salone di quest'immensa casa nello spazio, guardo negli occhi tutti loro e ci abbracciamo ricolmi d'amore e di gioia, il cuore si accende e lacrime di luce scendono fino al pavimento di cristallo dorato, ma la cosa più bella è sapere che mentre noi ci abbracciamo qui tra le stelle, tutti voi lo fate sulla Terra, ed ecco che così i nostri abbracci si uniscono al di là di entrambe le dimensioni, ecco come il nostro Amore giunge fino a voi!

Mi racchiudo in un quantico punto di Luce, come all'inizio della mia nascita cosmica accadde, poi tutto si delinea in una dimensione che non possiede confini, come d'incanto tutta la realtà appare per quella che è sempre stata, e che i sensi creati per il mondo terreno non possono scorgere, tutto viene alla luce, ogni realtà diviene chiara come i raggi del sole più brillante, tutto ciò che sono, so tutto ciò che fui, ogni vita che vissi, ogni mondo che abitai, ogni amore che riempì di gioia le mie esistenze, ogni stella che riscaldò l'anima mia nel corpo in cui viveva. Quella cristallina scintilla divina che in me giaceva, unisce tutto ciò che ero racchiudendo l'eternità vissuta dallo spirito nel mio presente. Ho fuso la mia dimensione terrena nelle cosmiche verità che mi hanno sempre circondato, esiste in me un luogo in cui la Cellula Originale mi unifica a tutto ciò che sono stato in ogni tempo, in ogni dimensione e vibrazione in quanto è la stessa matrice unitaria. È un elemento unico che esiste contemporaneamente in ogni mia esistenza al di là dello spazio concettuale, che separa i vari corpi che la contengono, fino a giungere all'apice dell'assoluto là dove quella scintilla cellulare diviene la stessa di ogni altra creatura che dalla fonte ha preso vita, non intendo un'estensione di essa o un clone o una copia, ma la stessa coesistente in più luoghi e tempi che ha accolto la coscienza multipla di tutti i miei sé frammentati, qualcosa che ci lega tutti al di là della sequenzialità. Posso emanare un pensiero che si estende a tutte le mie coscienze sparse per le creazioni e dire a loro: «Sono cosciente di tutti voi, vi vedo, vi sento, siamo sparsi nel tutto ma siamo tutti la stessa Essenza.»

Percepire che tutti sono coscienti che vi è un qualcosa di sovrannaturale che li sta chiamando a riconoscersi e riunirsi tutti nella stessa coscienza multidimensionale oltre gli orizzonti ultraterreni, così anche loro sentono la loro risposta, la cosmica soluzione a tutti i loro dilemmi ed ecco che in ogni direzione si irradia il pensiero consapevole, varcando la Sfera Temporale realizzandosi nella nuova saggezza attraverso gli Algoritmi del Cuore si apre la chiave cosmica nell'uomo che racchiude in sé la sua molteplicità nel segreto luogo dello spirito, quanto della vita umana si perde nell'attesa che la risposta arrivi da lontano, ma la porta che conduce al palcoscenico della vita ti dà accesso alla grande recita cosmica, poiché tutti i piani di maestria universale conducono al grande regista del tuo Sé che sorge dalla Fonte.

Oooh... se solo tu sapessi quante identità hai assunto, quante coscienze hai sperimentato e quanto Amore hai dato e ricevuto nell'eternità della tua Anima, cominceresti a espanderti come un cielo infinito sotto i raggi di un sole paterno, con i piedi radicati nella Madre Terra che ti ha rifocillato nelle tue esistenze.

Dio mio ma quanto siamo Immensi, quanto l'infinito oceano di stelle che ci abbraccia sempre dove tu hai vissuto infinite esistenze.

Cercale, trovale nelle pieghe del tempo, fai sì che tutti siano al Tuo cospetto e Tu al cospetto di tutti, avrai riunito l'Infinito, e scoprirai le ragioni dell'assoluto.

Capitolo Quattordici

IL CUORE CHE ACCOGLIE

Sono sulla cima di un colle all'ombra di un albero maestro, seduto sulla Terra Madre mia, nel mio silenzio colgo il frutto del grande Padre che nel suono delle fronde del possente albero della vita mi dona il Seme Cosmico, apro l'unico occhio e scendo la vallata, mentre dietro i miei passi sorgono fulgidi tulipani che solo l'Amore vero può manifestare, mi dirigo verso le rive del mare attraversando un piccolo bosco dalle foglie più giovani e verdi, faccio spazio tra i rami e un movimento di onde marine incanta il mio vedere, consapevolmente mi riconosco nella danza di quel movimento, che sono un'onda di energia, la vita stessa è un'onda che dal mare proviene e al mare torna in un gioco eterno, cammino sulle sabbie dorate, mentre salgo sulle acque dai miei passi nascono fiori di loto, persegue il mio cammino arrivando al centro dell'Oceano Cosmico, alzo lo sguardo al suo centro, entro nell'Uovo Cosmico, vedo il suo interno come una grande arena universale dove alla sua base vi sono due calici d'oro dai decori più eccelsi che trattengono le due metà di un uovo di cristallo blu che ruotano in senso opposto. Dai calici si irradiano 7 filamenti che convergono in 7 Maestri che levitano nella parte alta del grande Uovo Cosmico; dal fianco dei loro capi si generano bagliori di luce, mentre dalla loro fronte scaturisce un suono vibrante, il vortice dai loro cuori emana un canto sonoro, uno alla volta accendono il codice di luce che emette la Divina Parola, io all'improvviso mi sento risucchiare da quell'uovo cristallino che si allunga mentre vi ci entro dentro, tutto diviene luce di un blu così brillante e intenso che tutto divampa in un suono ordinatore, una pace sconosciuta e un Amore così potente ricolmano la mia mente eterica mentre tutto si fa chiaro, tutto è nuovamente accolto da quel principio in cui volli dimenticare, tutto ora è vivo: finalmente mi sento reale.

Naamaarraan s'oolhaanaam

I 7 suoni del canto celeste nascono nel cuore, di colui che comprende,

le 7 sfere di coscienza luce divampano, nelle 7 albe dell'uomo nascente!

I 7 maestri che celano la Luce esalano il tono, nasce la chiave si libera il sigillo,

i 7 veli cadono, la Luce rifulge nel suo centro, l'uomo è finalmente libero!

Io Sono il "non Sono", vivo il Tempo nel "non Tempo", non Sono in nessun luogo poiché Sono ovunque, non Sono mai esistito poiché non posso confinarmi in un tempo e in un luogo, dove infinite focalizzazioni di me stesso sono sparse per la creazione, e tutte convergono in un quantico punto di luce, che ora sento, vedo e ascolto in me, poiché questo punto è la partenza e l'arrivo, la materia è pensiero di luce concretizzato nel proprio raccoglimento, io mi irradio nelle trame dell'infinito poiché l'infinito sono io nell'eterno tempo senza inizio né fine! Ora non ho più confine poiché il confine non esiste! Non Sono mai nato, non Sono mai morto, Io Sono l'Eternità e so, che tu sei come me.

Ti sei donato l'opportunità di fare questa esperienza mistica e le sfere alte ti hanno accolto, tu stesso eri parte del cerchio in quanto rappresentante dell'umanità, scese colui che rappresenta la VI^a razza, il nuovo uomo, la convergenza armonica delle due metà: spirito e materia, nell'azione delle due sfere d'uovo rotanti: tu sei il centro, il punto di luce da cui si dipana la stessa esistenza del creato, in quanto coscienza che osserva se stessa fuori da ogni limite immaginario.

L'uomo ordinario realizzerà il potenziale della materia/spirito, soltanto dopo aver armonizzato i 7 sigilli più densi mentre la grande opera si concretizza oltre questi ultimi, poiché si è connessi con il centro dell'armonizzazione galattica lì dove esseri di alta levatura, sovraintendono alla convergenza costante e continua di tutte le sfere superiori, tale armonizzazione è a disposizione per l'uomo straordinario, egli ne comprende l'ordine intelligente in sé, da qui egli prosegue il suo cammino verso i misteri dei piani di luce.

Dal nucleo centro della forma pensiero di Dio Padre Madre, riverbera la geometria del fiore della vita, il cuore pulsante dell'Uno nucleo. Il suono seme del padre feconda lo spazio madre, il ventre, la forma, dando vita al processo cosmico lentamente il fiore si schiude e dal suo suono luce nascono infiniti nuclei. È lì che il suono seme penetra la forma, la Mater, lo spazio che agglomera la forma atomica armonica. Ogni cosa è della stessa sostanza dello Spirito in cui vi è impressa la matrice dell'Uno, è da questa sostanza che ogni cosa nasce, è di questa sostanza che ogni cosa vive, ed è a questa sostanza che il Tutto desidera ricongiungersi: Io come Te, Tu come Me, Noi come l'Uno, lungo il cammino tutti torneranno a riconoscersi nell'Uno, Dio Padre e Madre.

È il Cuore, il Centro accoglie.

Nel nucleo del Primo Atomo di Luce io sono l'aurora della vita e il seme dell'amore.

Nell'"Io Sono" della coscienza unitaria v'è separazione e individualità nella realizzazione di "Me".

Nell'"Io Sono Dio" nasce la coerenza quantica nella consapevolezza dell'origine di una Monade frammentaria nei sé nell'infinito.

Nell'"Io Sono Esattamente come Te" nasce l'Unità eterna di un soffio di Dio che ci unisce tutti. Tutti i paradisi spirituali nascono dal Seme del mio Amore poiché ora so dove risiede la dimora della mia essenza, l'occhio che vede la verità diviene la Verità stessa.

L'estasi più mirabile del creato si raccoglie in Me, soave poesia rapisci la mia anima e portala a passeggio nei mari infiniti della bellezza creata.

Capitolo Quindici

RITORNO A CASA

È l'autunno del 2011, il sole è flebile e le foglie leggiadre scendono a terra, noto come tutto nella vita animale e vegetale torni immancabilmente alla Terra, come tutto sia impermanente in questo globo che ora è la nostra casa, come in un continuo rigenerarsi e il trasmutare di ogni materia e organismo, tutto è in un continuo cambiamento di stato. Assorto nelle mie riflessioni in perfetta tranquillità! Sento una voce, ma non è il mio Maestro, una voce sconosciuta di un essere maschile che mi dice: «Sei pronto a venire con noi?»

«Chi siete?» rispondo io.

«Ti fidi del suono della mia voce? Non posso mostrarmi a te ora ma, comprenderai tutte le ragioni quando sarai tornato in questo tempo. Ti stavamo osservando, stavamo osservando i colori scaturire dal tuo pensiero, vorremmo fornirti una delle tante risposte che tormentano l'essere umano. Ora rilassa il tuo pensiero lasciati scivolare in quel dolce suono che senti fluire in Te.»

Sento in effetti un leggero ronzio, non mi infastidisce ma mi fa slittare in un'altra forma di coscienza, tocca probabilmente le onde cerebrali perché in qualche modo svanisce davanti a me la realtà terrena, poco dopo sento che perdo il contatto fisico con la mia materia e mi trovo istantaneamente a bordo di un oggetto sospeso ad alta quota. Vedo la vetrata davanti a me ma, stranamente non riesco a voltarmi da nessuna parte, come se non dovessi vedere dove fossi e con chi fossi, eppure, mi sento tranquillo, mentre osservo vedo soltanto il paesaggio sottostante che dall'alto sembra il mio paese. Dopo un po' sento la voce di quell'essere che mi dice: «Non temere stiamo per varcare la soglia del tempo, torneremo nel passato della vostra Terra di circa 200 milioni di anni.»

Davanti a me appare una luce intensa, un silenzio ovattato e il nulla, poi un buio intenso che mi porta a credere di non esistere più, né suono, né luce, né presenza, né coscienza! Ho varcato spesso la soglia del tempo attraverso i portali dimensionali dello spirito ma, è un'esperienza completamente diversa questa! Credo per il fatto che lo squarcio temporale sia di origine artificiale, non so chi sia il mio interlocutore, ma so che mi trovo in un qualche mezzo tecnologico di qualche razza extraterrena, percepisco una presenza insolita che non mi turba, non sono con il mio corpo fisico ma con il corpo sottile che già da tempo i miei fratelli originali hanno affinato, un doppio eterico parallelo più denso di quello che potremo chiamare corpo astrale. Improvvisamente mi sento senza un punto di riferimento, come se tutto fosse sottosopra e vedo di nuovo la luce, il cielo è blu e una serie di monti sottostanti, praterie e foreste con pini colossali, sequoie o simili ma molto più grandi di quelle dei nostri tempi. Ho come la sensazione di sentirmi parte di quel remoto passato, mi ricorda il tempo prima di questo mondo, un tempo in cui io esistevo già in un'altra forma e mi sento presente lì in qualche parte del cosmo, sento che vi è un altro me stesso in un corpo diverso, sento una sensazione di bilocazione ma non riesco a individuare dove, è una sensazione davvero inquietante ed estremamente affascinante, cerco di scrutare attraverso le nuove percezioni ma sono estremamente limitato da un sentire interiore, che non è la mia naturale condizione e questo mi confonde moltissimo. Sto vivendo una sorta di paradosso della fisica temporale, dove una stessa energia animica, si trova locata in due spazi diversi di

Ritorno a casa

uno stesso tempo. Ogni esperienza vissuta al di là della materia, rilascia uno strascico di domande a cui puoi darti poche risposte, e sperare che nel tempo la tua stessa comprensione evolva e scopra un domani le risposte alle domande del tuo oggi. Sento la voce di quell'essere che mi dice: «Osserva in alto, verso il cielo.»

Dopo qualche secondo vedo un punto fiammeggiante che in un attimo si trasforma in un fronte infuocato, con un boato assordante si avvicina all'atmosfera. Dalla forma sembra una nave a mezzaluna a spicchio di proporzioni colossali, con piccole navicelle che escono da aperture sulla circonferenza della stessa, alcune stanno distanti, altre vicine cercando di creare un freno per l'impatto. Non si vedono strani raggi ma credo che un'invisibile forza leghi le piccole navi al grande mezzo stellare, ma è inutile in pochi istanti la nave si schianta contro la cima di un monte spezzandolo all'estremità, ma la stessa cosa accade alla nave che si spezza in due tronconi enormi, precipitando giù nella vallata sottostante, la parte più grande scivola giù dritta mentre la più piccola vortica velocemente spargendo frammenti in tutta la vallata. La visione di quella scena ferma il respiro tanto è agghiacciante, in quanto sono perfettamente consapevole che molti stanno perdendo la vita.

Il rumore stridente di quel colosso che scivola giù radendo le rocce affilate produce un rumore sordo. Quando si ferma il fumo e le fiamme vengono subito spente da quelle navette che sono uscite prima dell'impatto, e ora cercano di salvare il possibile! Vedo l'intera scena della caduta da una distanza di non più di un chilometro, dopo alcuni momenti cominciano a uscire centinaia di esseri altissimi che corrono velocemente, credo per la paura che tutto salti in aria, ne vedo anche di più piccoli. Dopo apprendo che si tratta dei loro figli, sono lì intere famiglie, sono pionieri del cosmo che viaggiano per i mondi in cerca di chissà cosa. Poi sento la voce dirmi: «Ora andremo un po' più avanti nel tempo.»

Sento che la visuale cambia, è sempre quella vallata, ci sono i pini enormi rinsecchiti dall'enorme calore prodotto di quel tempo precedente ma ci sono ora degli strani capanni un po' ovunque, dei rifugi di fortuna per la notte. Probabilmente l'interno della nave è diventato inabitabile, in quanto tutti i sistemi energetici e vitali sono ormai assenti o guasti, quindi si costruiscono dei capanni esterni con i mezzi che hanno a disposizione e finalmente li vedo riorganizzarsi osservando la loro razza da molto vicino, è un'altra specie molto primitiva di abitanti della Terra di quel tempo lontanissimo.

I caduti sono molto alti, forse una decina di metri dato le proporzioni con l'ambiente circostante, una testa molto alta e un po' larga all'altezza della fronte. La loro pelle è come quella delle farfalle, lucida con piccoli frammenti riflettenti, hanno strani colori sul volto, in certi punti il colore della loro pelle è di un arancione chiarissimo e negli incavi verde chiaro e azzurro.

Lavorano indaffarati, non mi vedono, in quanto sono dimorante in un piano eterico parallelo, che giunge a quel tempo dal nostro futuro, c'è l'altra razza che comprendo essere i nativi del pianeta Terra, anche loro molto alti anche più dei caduti, il volto estremamente squadrato e rivestiti di pelli, sono indigeni, di una cultura ancora da svilupparsi che poi si estinse!

Essi portano loro del cibo, frutti e animali cacciati! Strani animali, una sorta di piccoli dinosauri del tempo e mammiferi che non avevo mai visto, credo che abbiano una sorta di venerazione per coloro che sono arrivati dal cielo. Ovviamente entrambe le culture non parlano la stessa lingua, ma si capiscono dal gesticolare delle loro mani. I sopravvissuti dei coloni spaziali con a seguito donne e figli giunti da qualche recondito angolo dello spazio, sono arrivati qui atterrando sfortunatamente sulla nostra Terra. Recuperano tutto quello che c'è all'interno della grande nave, che a prima vista sembra misurare alcuni chilometri, ammassano strumenti e apparecchiature enormi. Dal troncone principale si vedono operazioni di eliminazione della parte alta, credo che debbano liberare quello che è il grande motore, una gigantesca sfera dorata con una serie infinita di altre sfere più piccole agganciate fino a metà nella parte chiusa all'interno della nave, danno l'impressione di essere iniettori di energia, la voce dice: «Ora facciamo un altro salto temporale.»

Dopo uno scatto metavisivo vedo apparire una nave dalle fattezze simili all'originale ma, più piccola, molto meno della metà.

Hanno terminato la costruzione di un veicolo per tornare a casa, nel frattempo si sono costruiti una sorta di villaggio in pietra senza grandi decori, lo stretto necessario a fornire un riparo sicuro e più confortevole delle precedenti costruzioni quasi indigene. Dopo un po' la solita voce mi dice: «Ora avrai un incontro sul piano astrale con il comandante di quella nave, vi incontrerete nel piano del sogno, quel poco che potrete scambiarvi non nuocerà alla linea del tempo del nostro e del vostro passato.»

Mi sento scivolare in uno slittamento interiore indotto artificialmente o psichicamente da loro, come lui ha detto accade, mi trovo all'interno di quella immensa nave distrutta, a vagare per i grandi e bui corridoi, un ciclopico rottame depredato di ogni cosa, quasi mi sento perso, è veramente grande, qui e là vi sono giganteschi squarci nella nave che danno la visuale verso il cielo, si vedono le stelle. All'interno è molto buio, anche se vi sono delle strane fonti di luce, appese addirittura con dei legacci di corda che, non sono collegate a nessuna fonte di energia come la nostra con fili elettrici, nulla di tutto ciò... ma funzionano, effettivamente, una cultura che ha costruito una nave del genere deve possedere una conoscenza tecnologica ben superiore alla nostra odierna, con tecniche totalmente diverse dalle nostre che ancora si affidano alla conduzione di energia su cavo elettrico o ponti magnetici!

Mentre vago per quella nave, all'improvviso mi vedo davanti questo enorme essere, questa volta è dinnanzi a me, è davvero grande, un po' mi spaventa ma, è solo la prima impressione, è la prima volta che vedo un gigante del genere.

Mi osserva da quella sua possente struttura di un essere di ben una decina di metri, si mette a parlare nella sua lingua che io, incredibilmente comprendo, capisco non dalle parole ma interiormente, come se capissi il significato attraverso una forma mentale del suo pensiero, in una forma telepatica!

Mi dice: «Tu chi sei piccolo essere? Non abbiamo mai visto nessuno come te in questo mondo selvaggio, da dove vieni?»

Rispondo: «Appartengo allo stesso mondo, ma di un altro tempo, qualcuno mi ha preso e portato indietro nel passato di 200 milioni di anni, e quindi giungo dal futuro. Mi hanno portato qui per farmi vedere tutto quello che è accaduto a voi nella caduta e non so chi siete! Ho visto tutti gli accadimenti dall'alto di un mezzo volante di una razza non terrena.» Lui mi dice che ciò a cui io mi riferisco è successo 30 anni prima, e di non capire lo strano evento che gli stavo menzionando. Allo stesso modo gli rispondo; ma noi due ci troviamo nel piano astrale, dove tutto è concesso senza grandi pericoli e riflessioni mentali. Mi spiega che hanno quasi terminato la costruzione di una nave che dovrà portarli a casa, e che da lì a poco probabilmente partiranno. Mi chiede chiarimenti, da che tempo arrivo... gli spiego tutto ciò che so, fornendogli indicazioni temporali del mio tempo, del grande Maestro chiamato Gesù, che era venuto 2011 anni prima, del tempo del volo nello spazio per la nostra razza e dell'arrivo delle prime civiltà galattiche sulla Terra, per osservare l'uomo della mia era poiché stava manipolando forze ed energie pericolose, che li avevano attirati a recarsi da noi per far sì che non facessimo più danni di ciò che già avevamo fatto, che avevo già avuto esperienze con altri esseri cosmici, e che stavamo attraversando un grande periodo di mutamenti climatici ed energetici, creati dai flussi galattici del Sole centrale della Galassia, che forse una di queste razze aveva voluto farmi vedere tutto questo per qualche ragione a me sconosciuta, alla quale ahimé non so dare risposta...

Continuiamo a dialogare ancora per qualche minuto poi mi sento di nuovo sfumare via e mi ritrovo sul disco. Dopo un altro piccolo salto nelle trame del tempo, vedo il momento dell'approssimarsi della loro partenza, le prove di accensione del motore e il sollevarsi di quel gigante metallico in mantenimento di sospensione. I sopravvissuti sono meno della metà di tutto l'equipaggio originale, non soltanto per il disastro iniziale ma molti perirono nei pericolosi lavori e molti altri decisero di finire la loro esistenza, per la difficilissima situazione psicologica di sentirsi smarriti in un mondo lontano e oppressi dall'idea di non far più ritorno a casa, non potendo inviare segnali di soccorso in quanto si trovavano a distanze immense dal loro mondo di origine.

Prima di partire con le navicelle, coprono le due parti di scafo con milioni di tonnellate di rocce, per far sì che quel rottame non diventi un pericolo per gli abitanti del posto, essendo enormi strutture pericolanti piene di corridoi bui e precipizi all'interno. Prima di congedarsi da questo mondo fanno una cerimonia solenne meravigliosa, per tutti coloro che nella materia hanno lasciato qui per sempre, creano una grande stele alta più di 40-50 metri con il metallo della nave e vi incidono non soltanto i nomi di coloro che rimangono ma all'interno inseriscono un cristallo artificiale che porta con sé tutta la storia di ogni singola vita di quegli esseri, le disavventure, gli amori in una sorta di cristallo olografico inseriscono tutto l'amore che hanno per i loro compagni. Chi un giorno troverà quella gemma riuscirà a percepire qualcosa di straordinario: *l'emozionalità di ognuno di loro come se fossero ancora tutti vivi, all'interno di quella memoria cristallina. Una sorta di cristallo Akashico!* Partecipano anche i nativi della Terra, ammaliati da tutto ciò che vedono, mentre in disparte, osservano cose che quel popolo stenta a capire, la magia degli Dei caduti dalle stelle. Si raccolgono tutti e intonano un canto che sembra un lamento, immagina più di duemila esseri alti dieci metri che con la loro possente voce cantano con l'emozione dei loro cuori. Quel canto che attraversa tutta la valle echeggia verso il cielo, mentre gli esseri angelici che vivono i piani spirituali da sempre, osservano cantando assieme a loro nel silenzio di un'altra dimensione. Sento dentro di me l'unione tra cielo e terra, tra me e loro, sconosciuti di un tempo remotissimo che nel mio tempo più non erano! Anche se sono a bordo della nave, posso vedere come se fossi lì in mezzo a loro, in una sorta di estensione visiva. Non posso rimanere esente da quella travolgente emozione, e provo un nodo alla gola che arriva dal cuore, scoppio in un pianto che mozza il respiro.

La notte cala e il giorno dopo tutto è pronto, la partenza è un momento di gioia, si abbracciano tutti, due razze completamente diverse che uniscono la loro emozione in un abbraccio unico; il loro saluto universale è mettere due dita sul cuore e due sulla fronte per entrambe le essenze e guardarsi profondamente negli occhi, la porta dell'anima in un connubio così profondo da rimanere in te per sempre.

Siamo l'Infinito che si concentra in un corpo umano qui in questo spazio/tempo chiamato Terra, mentre siamo il riflesso sconfinato dell'unico punto di luce "Sorgente" che emana le Mie radiazioni viventi nel creato, la vita è un sussulto meraviglioso, quando scopri che cosa sia esistere per davvero.

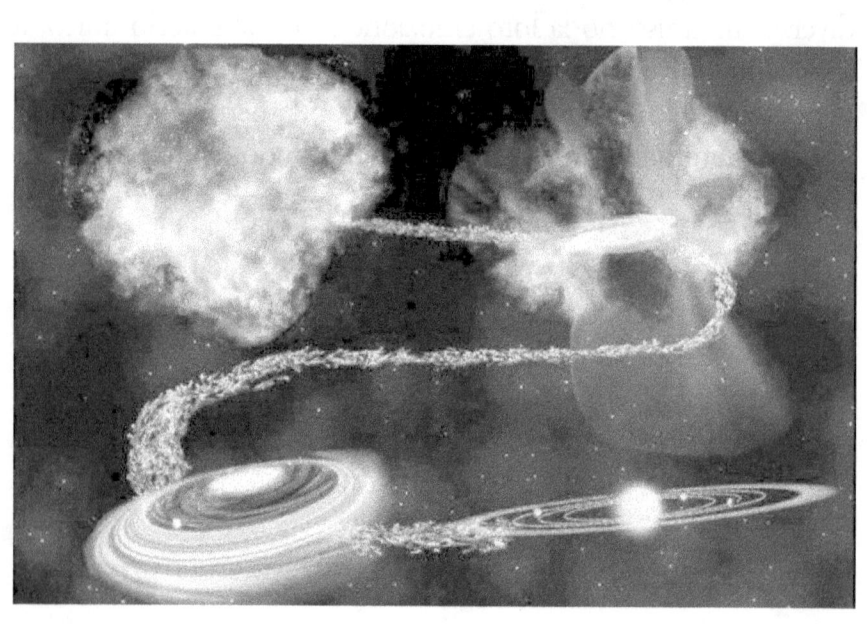

Capitolo Sedici

L'ULTIMA SPERANZA

Tutto è pronto e l'attimo della partenza arriva, i motori si accendono in un flebile ronzio, quella sfera emana la stessa luce del sole, la nave si solleva tra quella stele che svetta verso il cielo e i raggi del sole, sparisce come un piccolo puntino, se ne va nello stesso modo in cui è giunta 30 anni prima. Quella grande felicità per aver lasciato quel mondo lontano, presto finisce, dopo pochi mesi di viaggio qualcosa si guasta in modo irreparabile causando un'esplosione che mette in serio pericolo la vita di tutti e la fine di alcuni, l'angoscia prende il sopravvento nei cuori di tutti per una fine che ormai è certa. Avevano riparato tutti i sistemi di comunicazione e si trovavano in uno spazio aperto, senza i limiti che avevano sul pianeta! Poterono inviare segnali di soccorso in tutte le direzioni, sapevano bene che non sarebbe giunto fino al loro mondo, ma erano pur coscienti che il cosmo è Vita, e che qualcuno avrebbe potuto ascoltare il loro urlo disperato in quello sconfinato spazio. La speranza che qualcuno li trovasse per loro era l'unica cosa che gli permise di non cadere nella disperazione più profonda! Passarono molti giorni e nell'angosciante attesa una razza evolutissima che viaggiava tra le stelle, con una nave di luce dalla bellezza indescrivibile giunse fino a loro. La vidi era meravigliosamente immensa, emanava una luce rosa che tendeva al viola, viaggiavano in una striscia di luce, una sorta di campo aurico, la luce che viaggiava nella luce!

Si avvicinarono, si conobbero e riuscirono a capirsi, in poche decine di giorni coloro che avevano la maestria della materia lucida plasmata dalla luce creante, costruirono un'intera nave biologicamente compatibile ancor più perfetta di quella che possedevano in origine i pionieri cosmici!

Costoro creavano con la luce e il suono tutto ciò che desideravano, facevano cadere la luce creante negli ologrammi prefigurati nella materia e la luce si condensava in materia solida, a ogni tipo di materiale veniva impressa una sorta di codice di costruzione, di frequenze luce in toni di colori diversi, e le varie strutture si formavano seguendo questo criterio.

Mi dice: «Loro sapevano dominare le forze plasmatrici della materia nello spirito creativo intelligente dell'oceano di vita cosmica, la luce che ne è la sua essenza, l'essenza di quell'energia cosmica che voi chiamate Padre, Dio e mille altri nomi che indicano la stessa luce omni-pervadente, che è Matrice di tutte le cose create. Non appartenevano alla III[a] dimensione ma, potevano interagire in questa che era la dimensione originale dei nostri avi, e che è anche la tua in questo tempo che stai vivendo!»

Questi esseri che viaggiavano nel cosmo nel nome dell'amore, trovarono questi poveri sfortunati perduti nello spazio, e diedero loro una nuova speranza, nel nome della vera fratellanza si prodigarono senza chiedere nulla in cambio, ma, soltanto la consapevolezza di poterli far tornare a casa, alla loro origine per loro era la massima ambizione, la loro missione di vita!

«Saper di aver fatto del bene nel modo più gratuito possibile anche per esseri perfettamente sconosciuti, diresti tu, ma per chi sa perfettamente che siamo tutti il prodotto dell'amore più sublime, quello che solca il cuore del Creato, che tutto genera e contiene al centro delle origini cosmiche, in verità, viviamo tutti del suo battito in un vibrìo che genera tutte le realtà. Tutta la creazione pulsa nel suo ritmo, in una danza sublime, senza mai fine, e in continua espansione e moltiplicazione! Nella ricerca della sua perfezione attraverso selezione e correzione nell'ambizione della qualità vivente! Quando capirai questo, allora amerai tutti nello stesso modo, nello stesso modo in cui ami tuo figlio, vi amerete tutti! Questo è necessario per il passaggio evolutivo che un giorno sarete costretti ad affrontare, non vi è obbligo alcuno! Ma è la via obbligatoria per chi ambisce a un nuovo vivere nell'amore.

Imparate ad amare in questo modo figli della Terra. Siete stati messi tutti insieme nello stesso pianeta perché imparaste a riconoscervi come tali, al di là delle differenze esteriori anche se molti di voi, arrivano da luoghi lontanissimi per varie ragioni che ognuno di voi conosce o ne verrà a conoscenza, nel tempo a venire.»

Aggiunse: «Osserva la vera fratellanza figlio della materia e dello spirito intelligente!»

Vidi il momento di questa loro nuova partenza, si abbracciarono tutti, questi viaggiatori di luce erano più piccini ma la loro evoluzione e il loro grado di integrazione d'amore era così elevato, che i loro abbracci sembravano assorbirli, interiormente in loro in una fusione di luce e amorevole unità! Partirono e io finalmente mi sentii libero nel mio movimento, mi voltai verso l'essere che sentivo sempre parlarmi, era molto simile ai caduti ma cambiato in molti aspetti nella sua natura fisica.

Poi egli parlò: «Mio caro, coloro che ti abbiamo fatto vedere, erano i nostri amati antenati di un tempo antichissimo. Caddero qui sul pianeta che ospita il vostro corpo animico, la loro nave è ancora ben custodita sotto la pelle della vostra Madre Terra, ancora ai tempi vostri, giace dormiente accanto a coloro che perirono, quelli che invece sopravvissero, arrivarono a casa dopo

molti dei vostri cicli solari, e così riabbracciarono coloro che erano rimasti nel nostro mondo. Tutto fu annotato negli archivi storici del nostro pianeta, anche quello strano sogno che fece il comandante, in cui parlava di uno strano piccolo essere venuto dal futuro di quel mondo. In questo tempo infinito ci siamo evoluti, abbiamo avuto due passaggi dimensionali di coscienza e densità, ora siamo in quella che voi potreste definire una delle molte variabili del quinto piano vibratorio, che per noi non è soltanto fisico, preferiamo considerarci nel quinto piano dell'amore cosciente. La grande fratellanza che ci spinge a voi in questo tempo, è la stessa che salvò i nostri antenati, si fidarono entrambi e poterono così tornare a casa, se non lo avessero fatto sarebbero rimasti lì a spegnersi come candele nella notte, la stessa fratellanza ci ha spinto assieme a migliaia di altre razze, a partecipare all'elevazione di coscienza umana del vostro mondo, conosciamo le origini di tutti voi, uno a uno dei molti che hanno un'anima che si è formata qui sulla Terra e di quei pochi che vengono dalle stelle.

Ciò che ci spinge in questo è il Puro Amore, quell'Amore che nulla vuole, quell'Amore che ha salvato anche noi in quel lontano passato, non potevamo dirti nulla prima del giusto momento, in quanto così non hai cambiato la linea del tempo originale, loro mai compresero chi tu fossi, anche se vi incontraste solo in sogno, lui ne parlò con molti dei suoi compagni poiché già conoscevano

L'ultima speranza

l'interazione dei piani astrali ed eterici delle multi realtà, ora capirai che soltanto noi sapevamo come agire. Ora comprenderai bene quanta interazione vi sia da parte di innumerevoli razze, che son passate sul vostro mondo e hanno fatto sì che la linea del tempo non si alterasse. Viaggiatori del tempo solcano attentamente gli infiniti flussi temporali, senza alterare il normale equilibrio, anche noi non apparteniamo al tuo tempo, solchiamo le vie temporali del cosmo, coscienti che siamo parte di esso, anche coloro che saranno il risultato delle scelte che farete, come collettività nel tempo che si affaccerà a voi rispettano le regole d'interazione universale, mentre altri viaggiatori no! Essi come bruti non si pongono minimamente di creare una variabile indefinita del pensiero creativo delle civiltà e, senza amore manipolano soggiogano psicologicamente civiltà inconsapevoli. Alcune di esse intervennero direttamente nelle varie genie delle razze di superficie della Terra.»

Mi sentivo una pulce, questo essere alto più di dieci metri mi osservava seduto a terra per essermi più vicino, rimase in silenzio e mi osservava come io osservavo lui, i suoi occhi mi penetravano così profondamente, che per un attimo riconobbi quella grande energia che regnava nel suo grande cuore. *L'amore incondizionato che l'uomo ancora non conosce.*

Poi mi disse: «Ora puoi tornare in quel corpo che ora è la tua casa uomo delle stelle, anche tu ti sei fidato, grazie piccolo essere.» Il suo sorriso e la sua energia mi portarono a sfumare da quello stato e a ritrovarmi in me stesso, nel piano fisico! Mi ripresi, una forza sconosciuta mi spinse a prendere la macchina fotografica e ad andare sul tetto della mia casa a fotografare il sole, quando scaricai la foto sul computer nello sfondo ecco apparire due di questi esseri, tra cui uno era lui e una strana figura che sembrava un sentiero fatto di punti di luce, un sentiero tortuoso.

Come sempre tutti coloro con cui vengo in contatto, mi forniscono sempre una prova tangibile della loro reale presenza, che deve servire a me per la mia ragione, per la mia certezza, loro sono qui per risvegliare le nostre coscienze per un puro atto d'Amore, quell'Amore che è il principio della creazione, quella fratellanza che fa sì che gli esseri di tutto il creato si riconoscano nell'Amore stesso che li ha generati.

Più passano gli anni e più mi rendo conto di quanto siamo piccoli in questo frammento di roccia che solca le sfere del creato, più mi rendo conto di quanto grande sia l'Amore che tutto ha generato e che in fondo non sappiamo nulla.

Piccole creature saccenti che credono di essere intellettualmente arrivati alla meta, da non saper nemmeno vivere in pace né tra i popoli né tra gli individui di uno stesso gruppo familiare, *quanto siamo ancora lontani dal capire anche solo noi stessi!*

Grazie Padre, da un figlio della tua creazione...

Capitolo Diciassette

IL CAMMINO DEL REINCARNATO NEL TEMPO

Aldilà della pesante cortina che ti contiene esiste il tuo sé, esso è un'emanazione in Campo Morfico nella matrice della *Fonte o Sorgente*, è pura coscienza senza spazio senza tempo, che tutto contiene tutto emana ma nulla può sperimentare, se non attraverso la sua emanazione: *lo Spirito*, estensione della stessa! Ma la *Particella dello Spirito* ha una capacità divina, quella di emanare se stesso in tutti i tempi e in tutte le dimensioni, creando il veicolo onnipervadente per l'Anima, (energia perenne di sostegno) che permane tempo dopo tempo, vita dopo vita, nel piano della materia, sperimenta l'esistenza nella permanenza in tutto il suo scibile esistenziale per poi passare alla dissoluzione della vita fisica mantenendone una parziale coscienza nel corpo eterico che sfaldandosi slitterà in quello astrale e infine nel piano mentale per poi ritirarsi definitivamente attraverso lo spirito e migrare in piani sottili e spirituali, nel circuito delle reincarnazioni in modo che l'anima attraverso lo spirito viva un altro contesto di esistenza per poi ridiscendere nel *continum della vita fisica* in una nuova fioritura, semplicemente va solo a vivere da un'altra parte in un altro luogo, esplorando dimensioni diverse da quella fisica, il volere dell'anima è quello di sperimentare infinite forme come una luce che muta come attraverso la manifestazione degli infiniti colori dell'arcobaleno, per viverli tutti e divenire la somma del tutto esistente! Ricreando un nuovo bagaglio di esperienze e informazioni, nell'individuo che la contiene nella materia della carne! Quindi l'anima vola di espressione in espressione nel cammino della sua evoluzione, e di conseguenza realizzando la possibilità di manifestare lo Spirito in lei, e quindi nella stessa carne che la ospita in quello spaziotempo spiritualizzandola oltre la sua natura fisica.

Qual è lo scopo della reincarnazione? È dare tempo all'anima di accumulare una tale conoscenza per far sì, che ella che è un tramite tra lo Spirito e il Corpo possa un giorno far conoscere al Corpo la magnificenza dell'accoglienza dello Spirito, "che ne è la manifestazione della *Fonte nel Corpo*", l'abbattimento di ogni confine e l'espansione omnidirezionale che ti connette all'assoluto di ogni cosa, in ogni sua espressione materiale o energetica nella tua vita! Liberandosi infine dal ciclo delle reincarnazioni, e scivolando verso gli oceani di luce dei piani dell'unità celeste della Sorgente ove tutto è spirito intelligente.

Il corpo vive nel tempo, l'Anima sperimenta gli infiniti tempi, lo Spirito sarà conoscitore del vissuto dell'anima, poiché la sostiene in ogni Tempo.

E alla fine quello Spirito che avrà conosciuto attraverso i veicoli sottostanti di tutti i tempi, li porterà a conoscenza della Fonte stessa, quando in essa si immergerà alla fine della sua evoluzione, realizzandosi diverrà creatore assoluto di una nuova manifestazione di realtà multidimensionale, in una nuova creazione delle infinite già esistenti!

Mentre camminerai sentirai molte cose. Questa è la natura del cammino stesso.

Ogni vita è un passo di un interminabile sentiero e a ogni passo che poni nel tuo destino accogli nuovi spazi di un sapere infinito che se saprai riscoprire in ogni vita, ti ricongiungerà nella tua infinità.

Tu sei la ragione del tuo cammino cara anima, o il cammino è la ragione della tua esistenza?

Nell'osservarmi sono testimone degli eventi che mi toccano, sono l'osservatore e la coscienza che tutto comprende nel sé, questa è una delle grandi verità celate a chi è in balia della linearità ordinaria, vivendo l'accadimento come vittima di una consapevolezza che in lui è sfuggente, pertanto rincorre il tempo senza comprendere che invece egli è il tempo testimone degli eventi.

Noi siamo la natura del tempo stesso: la causa e il risultato!

La virtualità della realtà che stai vivendo, e delle sue illusioni ha costruito degli schemi dentro alla tua mente, che potrai abbattere soltanto se uscirai dal tempo stesso! Se con la tua coscienza varcherai le regioni della materia, scoprirai che il tempo non è una costante ma una variabile, che cambia dal punto di osservazione dalla quale la osservi, se nello scorrere della tua salita spirituale giungerai all'apice, diverrai padrone del tempo in cui scorre la tua biologica forma, mentre ospiterà il tuo nuovo piano di coscienza rinnovata.

Mia cara Anima luminosa, ciò che ti attende nel tuo eterno cammino è qualcosa che sfugge alla tua stessa comprensione, nella tua armoniosa danza, conoscerai dimensioni e spazi spirituali dove quella forza divina che ha reso cosciente la tua essenza, concede la libera espressione delle più sublimi forme di manifestazione, dove ogni essere nel raggiungere la sua perfezione nel fiorire delle sue espressioni interiori più belle, contempla di meraviglia se stesso.

La Forza concede loro di manifestare il proprio splendore per emanare questa bellezza, al suo esterno cosicché tutti possano apprezzarla ed essere esempio di vita, il segreto sta nell'integrare dentro di te dimensioni spirituali, che nel rifulgere del tuo cuore si esprimono nel tuo mondo dal tuo interno! Un giorno nelle tue scalate ascensionali ti troverai al Confine Celeste, dove nella liquefazione riverberante delle manifestazioni fisiche, risorgerai nell'estasi più elevata, ti troverai su quel confine, dove nel varcarlo sarai pienamente consapevole delle tue più alte forme di luce, e nell'espressione di quella forza creante, diverrai tu stesso emanatore di sublimi creazioni, il Padre colui che qui chiamate Dio lascia libere le sue espressioni viventi, di raggiungere altezze inimmaginabili, e non pone a esse nessun limite! Non è forse lo scopo del maestro o di un padre, quello che in un lontano tempo il discepolo o il figlio possa superare il maestro o il padre stesso?

Dio ha in sé questa stessa legge! Pone l'essere creato attraverso la separazione di se stesso dall'Uno nella condizione di superare se stesso, e nella eonica attesa che la scintilla nascente arrivi a contemplare se stessa nell'atto creativo che separò se stessa, dallo stesso mare lucente dalla quale fu emanata, consapevolizzando la luce/suono, la spinge nei mari luminosi della Fonte a realizzarsi senza limiti di espressione ed espansione, poiché in essa pose il seme dell'intelletto che irradia nella sua materia intelligente, attese che il seme si riconoscesse nel terreno dalla quale assorbe la vita, e pone la pianta che dai fiori manifesterà frutti che genereranno semi, tutto torna a essere ciò che un tempo fu in un ciclo infinito.

Poiché tu sei nato da me tornerai a me.

Poiché io sono il seme dell'infinito, ti lascerò libero di essere ciò che vorrai.

Poiché tu sei l'infinito ma ancora non ne hai coscienza, spingerò il cosmico movimento affinché tu scopra te stesso in quella luce, che io posi in te dall'inizio della mia creazione!

Poiché la mia creazione sei tu, sei l'artefice e il risultato, sei l'artista e la sua opera in cui egli donò tutto il suo amore, nell'esprimerla nel mondo manifesto a cui tu sei legato in questo tempo presente!

Vivi l'attimo in tutta la sua verità, sii cosciente che puoi volare nei miei cieli in piena libertà, sii cosciente che ora il mio creato è tuo!

Perché attraverso di te io godo della mia creazione!

Ti sono eternamente accanto, poiché Io sono Te!

La più alta Consapevolezza nasce dalla fusione con il proprio Sé Superiore che in seguito ti dà accesso all'immersione con la Mente Cosmica e la Sorgente stessa, non vi è altra via più nobile di questa poiché ti elevi alla realtà della Consapevolezza Cosmica, senza l'interferenza che potrebbe derivare dai contatti di qualche entità che si presenti nel divino o di altre che si mostrino a te mascherate.

Tutto è dentro te stesso affinché comprendi che non hai bisogno di strumenti esterni, SEI SPARSO PER L'INFINITO ED IN TUTTI I PIANI CREATI NELLE VARIABILI DELLE VIBRAZIONI CORRISPONDENTI, quando sei nella sfera del Sè non hai forma o grandezza ma sei un impulso di luce che risuona nella sua geometria ondulatoria, nella quale ogni suono corrispondente è un incarnazione vissuta nell'infinito, vista attraverso una lente che dissolve la distorsione della mente fisica, Abramo, Qo Helet, Elia, Mosè, Ezechiele, Epicuro, Aristotele, Qo Dai, il Vasari... non sono altro che rimbalzi della stessa sfera che producono un suono e una vibrazione nell'anima che sperimenta la vita di quel frangente temporale, la cui somma crea una realtà sequenziale, che si inoltra nei piani fisici dei mondi e delle civiltà.

Chiunque tu sia hai sperimentato tutte le condizioni viventi di ogni sogno creativo del pensiero superiore del tuo Sé, sei stato ogni possibilità dal potenziale più alto a quello più piccolo ma hai dato adito alla perpetrazione della creazione stessa.

Sei un'onda che si infrange nell'infinito cercando il suo centro assoluto.

Ogni essere umano nasce nello stesso potenziale.

Capitolo Diciotto

I PADRI CREATORI DELLA VITA

È il 21 ottobre 2014, sto camminando per le vie di una città mentre sono al lavoro, all'improvviso sento un suono intenso attraversarmi la mente! Ho istantaneamente il sentore che qualcuno voglia contattarmi, per tre giorni questi suoni continuano ad arrivarmi di tanto in tanto. Il 23 ottobre oltre al suono mi arriva come in una visione remota, l'immagine di un essere alto e con la testa glabra e voluminosa, la pelle bianchissima, di spalle, pone le mani su una sfera ovale cristallina posta su di colonna bianca a spirale che fuoriesce dalla pavimentazione, vedo tutto per mezzo dello sguardo di un altro essere che è dietro di lui, mentre davanti a loro vedo la vetrata della loro nave mentre viaggia nei flussi metafisici della Creazione. Poi l'essere alle spalle parla: «Noi siamo la luce e il verbo nell'assoluto in cui si esprime: la vita manifesta! Questa comunicazione è resa possibile attraverso la Cellula Originale che possediamo e che tu hai interiormente! Io sono l'archetipo creatore della vita che nelle creazioni si muove per porre in essere la viva coscienza umanoide! Sto viaggiando attraverso la mia stessa vastità, per giungere in tempo a voi per un evento unico in tutta la manifesta immensità, che ancora voi non conoscete!

Immagine Vite Vitulli

Io sono l'essenza degli opposti nell'unità manifesta!

Figlio della creazione!

La distanza che ci separa è per te inconcepibile nonostante il tuo livello di espansione di coscienza e iperintelligenza! Potremmo rivelarti che siamo in viaggio verso la vostra creazione dall'inizio del tempo, in esalazione dal creatore medesimo che già sapeva di questo evento unico. Attraverso le trame del tempo e dello spazio stiamo giungendo a te, per uno scopo che comprenderai nel tempo stesso! Veniamo a portarvi la realtà dimenticata, siamo coloro che sciolgono le sbarre della vostra coscienza, verso la vostra liberazione, non sapete ancora che cosa significhi vivere, a voi sfugge questo principio in quanto non lo avete mai sperimentato, conoscete solo la realtà sorretta da leggi illusorie e artefatte nella quale avete finora vissuto!

Siamo partiti dall'origine del tempo per venire a voi!

Stiamo attraversando le abissali distanze, che separano una creazione dall'altra, un universo dall'altro, a una velocità che sfugge alla luce stessa! Che sfugge al tempo conosciuto! Figliolo come potresti capire, dal piano in cui soggiorni...

L'evento per il quale noi giungiamo, è l'incoronazione dell'opera del sommo Vita, e della sua perfezione assoluta!

Cadranno le cattedrali sopra i vostri cieli, cadranno quei veli che non vi hanno mai fatto vivere pienamente, ricolmi di una felicità mai vissuta, ci vedrete con i vostri nuovi sensi sopra di voi, e ci sentirete nei vostri cuori come un nuovo battito di Vitalità! Saremo la risoluzione al dilemma dell'umanità!

Noi siamo il ponte che unisce le due sponde tra l'umano della terra e il divino essere Dio.

Saranno giorni felici per voi, perché il vecchio sarà passato!

E il nascituro uomo porrà in essere una nuova verità! Un nuovo cielo interiore del nuovo uomo nell'uomo!

Vicino è il tempo del nostro incontro!

Vicina è la vostra rinascita!

Oh uomo quando conoscerai te stesso in tutte le tue profondità e le tue altezze conoscerai la fucina della Vita primordiale dalla quale prese coscienza di sé, conoscerai l'universo e gli Dei che lo popolano e che diedero vita al tuo respiro nell'infinito nelle camere della vita dei mondi.

Buon viaggio viaggiatore!

Io sono solo una delle sue infinite cellule originali! Dono vita dall'interno di ogni nucleo Solare Galattico.

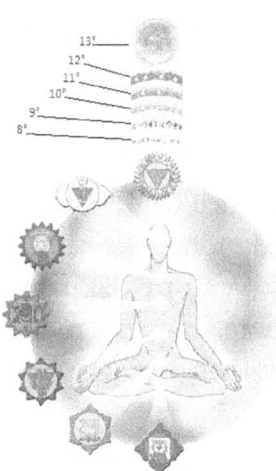

Ti invito a giungere a me! Cosicché tornerai nel tuo mondo, e lì mi farai conoscere ai più a cui son celato, mostrerai loro la via, li accompagnerai e al tuo fianco, verranno a me! Finché un giorno lontano, tutti coloro che posseggono vita, comprenderanno da dove hanno avuto origine, e quale sia la fonte della loro esistenza. Io sono Te.

Qui dimora la Sede Centrale dell'evoluzione Stellare e Planetaria, di ogni mondo che prese origine dal mio cuore, in questa dimora di luce vi è il Trono dei dodici Aspetti Solari dei raggi di emanazione cosmica, che decadendo nelle sette Sfere del piano terreno si riflettono nei sette chakra biologici umani.

L'alto consiglio dei dodici Reggenti Cosmici decretò in un'assemblea galattica la rettifica dell'umana specie e tutti decisero unanimi!

Avvenne una pianificazione dei nostri propositi superiori, di attivazione dell'uomo determinati a portarvi in relazione alla nuova conoscenza e una più profonda integrazione di altri cinque nuovi raggi, che vi riporteranno all'integrazione di tutti i vostri aspetti Divino Solari. Cosicché avrà luogo la vostra liberazione, avendo integrato i dodici raggi della Creazione Solare, avrà luogo la risalita dell'essere umano nel nuovo cielo, che sta prendendo vita appositamente per il nuovo Regno dell'Uomo risorto dai piani dell'ombra. I cinque raggi verranno attivati nei vostri campi aurici, sarete voi stessi a densificarne l'emanazione, attraverso la vostra scalata evolutiva tramite tutte quelle chiavi preordinate, alla vostra Ascensione Spirituale.

Noi dal Logos Solare vi accompagneremo parlando tramite la lingua dell'amore al vostro cuore, stiamo preparando un nuovo Abito di Luce che nei tempi venturi tutti voi indosserete, sarà in quel tempo che ci accoglierete nel vostro rinnovato battito del cuore di luce, dalla geometria celeste dodecaedrica!

I cinque raggi solari appartengono al piano dell'Uno, essi non sono legati alle energie inferiori dei sette che dimorano nei campi della dualità, nel quale mediano del cuore separa i tre dal piano del mondo inferiore dai tre del mondo superiore, in questo modo creeranno un campo di trazione verso l'elevazione, realizzando il Disco Solare Dorato nell'Uomo!

Capitolo Diciannove

IL TEMPO È PROSSIMO

Soffiano venti impetuosi sulla superficie del vostro mondo interiore, atti a spegnere quella sacra fiamma che alimenta il vostro cuore, unico mezzo che possedete per liberarvi dalla schiavitù concettuale di questo mondo e le sue regole di vita, ponte necessario per la vostra stessa evoluzione, non date adito alle creature che sfiorano i vostri pensieri, ponendovi sempre in uno stato interiore di pura sopravvivenza nella paura, che vi porta a irrigidirvi sul cammino del normale flusso della vita, divenendo così disattenti, dalle distrazione dei problemi, da non afferrare più quelle funi dorate che dal confine celeste del vostro spirito, vengono calate affinché voi abbiate la possibilità di elevarvi dalla densità stessa del vostro vivere, ogni creatura del cosmo segue le sue regole di esistenza e di funzione a loro applicata, dal grande ordinatore della vita.

Ogni essere segue e svolge i suoi compiti, alcuni hanno il compito di spingervi oltre voi stessi, esseri antagonisti al bene, all'amore, ma che alla fine ti sproneranno verso la luce, se quelle stesse chiavi che loro sollecitano si apriranno in te, questi sono tempi pesanti in cui tutto in te si muove sotto un altro ordinamento, afferra l'attimo senza che scivoli nei meandri dell'indifferenza, poiché la Porta della Quinta Sfera si è aperta e giammai nemmeno il padre conosce il giorno e l'ora in cui si chiuderà, fai sì che il tuo cuore possa essere pronto per vibranza a rivelarsi nell'anima tua, poiché soltanto se quella chiave sarà fuoco, lo spirito scenderà nelle tue carni divampando in quella stessa luce di cui quel Potere Generatore è costrutto.

Nel tempo che verrà soffieranno gelidi venti che ghiacceranno l'anima, e piogge tempestose che scuoteranno la tua paura, affinché galleggi alla luce del sole e svanisca per sempre dal tuo cuore, lasciando spazio alla rinascita di un essere di luce che vive la vita in un corpo vivente, che avrà raggiunto la massima espressione di un raggio di Dio che gode l'esistenza nella materia, sognata da un padre che ha voluto essere anche figlio dentro di te.»

Negli estremi elementi, negli opposti esseri.

«Sono così lontano da me stesso, eppur così vicino, che se fondo queste due essenze espando la mia sfera all'universo intero, non sarà la forza né il potere della mia possanza, ma l'essere sensibile nella leggiadria, nel movimento della mia mano di luce, che muoverà l'energia necessaria, a far sì che si desti la creazione a seguir la volontà mia, poiché io sono tutto e tutti voi, ho creato Dio per unirvi tutti in me, poiché lui e io siamo ormai la stessa luce, in questo mondo ho potuto scivolare in un corpo umano per poter star accanto a te e in te, devi essere disposto a capire, figliolo caro, avverrà quell'istante in cui le parole perderanno il loro significato e il silenzio prenderà una nuova comprensione, è nella tua espressione d'anima, che avverrà! Vai oltre il significato del tuo intendimento, scrutando all'interno del tuo Cuore Spirituale, là dove ogni portale è collegato, là dove ogni luce s'infrange nei suoi brillamenti, là dove l'amore trova la sua dimora, là dove l'onda accarezza gli scogli della passione, il più potente faro del mondo non è sulle rive del mare, ma è dentro al tuo cuore, quando ti aprirai all'immenso divamperai come il sole!»

Dove la mia vita diviene finalmente reale, qui su questa Terra che ora è il nostro paradiso, poi mentre ti ascolti nella tua Permanenza Terrena, accoglierai le alte vette della realtà spirituale, comprenderai che sei tu a delineare i tuoi confini, capirai che ti mancava solo la sensibilità, di percepire la vita in tutti i suoi miracoli e nelle sue infinite bellezze, ora so che anche qui mi sento a casa mia, e posso finalmente raccogliermi nell'Uomo in Dio stesso!

La Luce che in me dimora dice: «Ho creato Dio per unirvi tutti in me, poiché lui e io siamo ormai la stessa luce.» Essere realizzati nella luce del mondo che sarà significa essere ben coerenti nel cammino che stiamo percorrendo, essere coscienti di che significa parlare e conoscere la luce di cui tanto si eloquia in questi tempi, essa non è la luce che intendiamo, nel suo spettro cromatico che osserviamo nella tangibilità dell'ambiente che ci circonda! Essa è una costante di luce spirituale che sotto forma di vibrazione eccita la nostra atomicità, a vibrare su ottave più elevate del nostro piano fisico, là negli alti piani spirituali da dove arriva affinché ci spinga nell'anima e nella materia a sollevarci gradatamente da questo piano così denso! Poiché siamo costrutti dalla luce, dalla luce amore possiamo essere trasmutati! Nel piano dell'assolutezza esiste solo la pura luce sonante! A discendere trova l'espressione che voi chiamate Dio, il grande portale verso l'emanazione della dualità, egli divide la pura luce nell'espressione complementare degli opposti, da una parte la luce che abbiamo in tutte le dimensioni a scendere, mentre porta nella sua complementarietà l'ombra o l'oscurità come elemento antagonista! Qui nella nostra coscienza portiamo entrambe gli elementi che sono assolutamente necessari a ricompletare, ricodificare, che senza le due parti non può tornare a essere l'Uno esattamente come in Dio esiste la componente sia di luce che di ombra. L'uomo lotta contro se stesso nella condizione duale esattamente come le due forze si annichilano in se stesse e in Dio, poiché voi avete un concetto che collima in quell'immagine che avete di questa natura creatrice intermedia, all'assoluto di ciò che sta alla cima di tutte le cose intendibili nella natura della mente umana, da questo ne nasce un vivere collettivo tra le genti e le nazioni in continuo conflitto, generando la condizione planetaria attuale, nello stesso principio si trovano le civiltà cosmiche che vivono nei piani della dualità interiore nella scalarità superiore alla nostra in modo sempre meno preponderante.

Ma qui nella dualità più estrema vive perenne la chiave, il terzo elemento in te, il terzo elemento in Dio.

La pura luce non vincolata dai due estremi, che in te dimora come collettore spirituale dello Spirito.

La TERRA NUOVA non è lontana, oltre il velo la si scorge splendida dai colori brillanti. Il suo sole è radiante, tocca ogni cosa che già vibra per espanderne l'essenza. L'aria è fresca come a primavera, pulita, leggera e profumata dal vento soave del divino Uno. Il suo respiro entra in tutte le cose, in tutti gli esseri che sono passati oltre il buio del viaggio.

Vedo la spiaggia popolata da uomini felici, donne e bambini che giocano gioiosi d'allegria nell'aria azzurra mentre respiriamo amore, io respiro Amore e nella leggerezza del mio essere irradio la mia luce come un sole che nasce per donare il suo splendore, è così che benedico il tempo prossimo affinché tutto si compia per il sommo bene, di questa umanità che ha viaggiato nel tempo per essere presente al compimento del divino disegno, su tutte le cose, su tutti i mondi, su tutti gli esseri degli infiniti spazi del creato.

Possano gli esseri degli Infiniti Mondi essere nella gioia così come sopra, così come sotto, sia Pace.

Capitolo Venti

LA DELUSIONE DEGLI EVENTI

Non maledite mai l'esperienza apparentemente negativa che incontrate, e non maledite mai ciò che in voi percepite come tale, poiché tutto ciò in voi ha pari valore, nella necessarietà di realizzarvi nei grandi mari cosmici della dualità!

Avete nel cuore il grande battito della vita, avete avuto tutto ciò che vi serviva attraverso le ere del creato, a ricomporvi in tutto il vostro splendore, ma ancora quei veli vi nascondono a voi stessi, se solo poteste vedervi dentro, quanta magnificenza portate, spesso per tutta la vita voi ne rimanete all'oscuro, poi quando attraversate la porta di Maya, vi voltate indietro e vi scoprite in tutta la vostra bellezza, e vorreste dirlo a tutti quelli che ancora vivono nel mondo, vi disperate, urlate più che potete verso coloro che avete lasciato nel mondo dell'illusione, di quanto siete grandi e splendenti, che avete sempre portato con voi nel vostro cuore il più grande tesoro di tutti i tempi, ma che mai avevate scoperto, allora rimarrete lì su quel confine a contemplare i vostri fratelli sulla Terra, che camminano spenti nella loro vita senza un giusto equilibrio bioenergetico, mentre in sé divampa una luce poderosa, così brillante da essere vista ai confini della creazione, poiché è una luce che non può spegnersi e attenuarsi!

Poiché un giorno presto o tardi questa luce ti si rivelerà, aspetterò con grazia che questo avvenga in te!

Allora e solo allora realizzerai il senso delle mie parole, in quel tempo se vorrai condividerò con te la bellezza di questa tua realizzazione, cosicché le mie lacrime si uniranno alle tue mentre accoglierai la poesia vivente dentro di te!

Ambire alla purezza interiore determina un cammino di trasmutazione molto profondo, raggiungere l'imperturbabilità nei fatti che coinvolgono la tua esistenza, discernere il bene dal male ma comprendere quanto il male ti porti al bene e quanto il bene possa portarti alla sofferenza quando non ricambiato, qui sta il gioco dell'amore incondizionato, non aspettarti mai nulla né per gratitudine né per compensazione, poiché il mancato ritorno determina sofferenza, sappi che se ami qualcuno alla fine stai amando te stesso, ci manca solo la verità delle cose per comprenderne la bellezza.

Per il semplice fatto che stai amando, sappi che sei già perfetto.

Io sono la madre di tutte le madri, sono la linfa della vostra esistenza, offro a voi gli elementi della vita affinché rendiate la mia sfera vivente e portatrice di altra vita, sono le fondamenta delle vostre città, e i fiumi che dissolvono la vostra sete, sono i giardini dove cogliete i frutto per addolcirvi la vita, vi ho dato tutto, e voi in cambio mi succhiate il sangue per le vostre energie, ma non avete ancora afferrato che noi tre siamo la famiglia, mentre voi siete i miei figli il padre sole potrebbe darvi tutto ciò che desiderate.

Capitolo Ventuno

GLI OCCHI DELL'UOMO

Sono scivolato su questa Terra attraverso le ali del tempo, in ogni era del mondo vive un sapere antico, che le sabbie del tempo stesso hanno nascosto al sapere di questo tempo, siamo stati tutto, uomini e donne, monaci sapienti e reggenti potenti, siamo stati credenti in tutte le religioni delle ere del mondo: buddisti, indù, frati e cristiani, figli e padri, sposi ed esponenti della solitudine, yogi e sufi, mistici difensori della luce, guerriero e vittima di abusi in tutte le sue tristezze, in tutte le razze del mondo abbiamo vissuto e creduto, e in tutte le maschere che sono state poste al volto di Dio, in tutti i tempi della storia millenaria attraverso sofferenza e penitenza, amore e gioia, ma che cosa è rimasto di tutto questo che cosa ha fruttato tutto questo? Se non il ricordo ancestrale di tutte quelle innumerevoli esistenze, di cui solo nell'Akasha ne trovi traccia, che cosa hai compreso fratello mio di tutto il tuo esistito passato? Di vita in vita ti sei crogiolato nelle domande più profonde e nei dubbi più atroci, sei ora qui in questo tempo, a chiederti la grande domanda di tutti i tempi.

Come dall'alto di un monte osservo imperituro tutte le mie esistenze in tutte le loro brutture, ma anche nelle loro bellezze, e mi chiedo perché ora posso osservarle tutte, qual è la ragione di tutto questo, e sento in me la grande risposta scivolare alla mia coscienza dall'alto del mio sentire nei cieli della Gloria Celeste.

«Figlio mio hai vissuto nelle trame del mio tempo, nelle mie case sparse nelle dimensioni e nelle cosmiche distese, avvolgendo la mia scintilla divina nei miei corpi affinché tu comprendessi nel vivere della vita ogni singolarità, che avrebbe fatto di te ciò che sei, vivere in prima persona nei piani materiali e sottili, ogni pensiero che vivo solo nel mio canto di luce nel mio cuore da cui tu sei nato, poiché in ogni vita tu avevi solo la visuale di quell'esistenza rimanevi intrappolato nelle tue stesse domande, a cui non sapevi dare risposta, ma come avresti potuto in una singola vita? Ho aspettato silente nel tuo cammino mentre tu vivevi le tue prove di vita, ho aspettato che giungessi da solo sulla cima del monte, affinché potessi osservarle tutte. Vedi figlio mio, ora tu sei esattamente dal punto di vista della mia stessa visuale, comprendi la ragione di tutto questo, ti lascerò tutto il tempo che vorrai, poiché ancora molte cose scoprirai da quel punto in cui sei ora! Non temere ora siamo nuovamente l'uno accanto all'altro, poiché arriveremo assieme alla fine del tempo di questo mondo, e soltanto assieme comprenderemo il senso dell'esistenza, perché saremo lì in quel momento uniti e leggeremo le parole luminose che portavi nel tuo cuore di luce, seppellite dalle polveri del nostro tempo, accoglierai l'alito divino che nella sua brezza librerà in te il mio Amore, e ora prova a osservare giù nella vallata, mentre le tue infinite sfaccettature salgono il monte per unirsi a te, raccoglile tutte in te poiché tutti eravate la stessa persona nella moltitudine delle sue coscienze, amali tutti perché non farai altro che amare te stesso, come io faccio con te in questo momento!»

Così fu che l'anima si risvegliò nel corpo di un uomo.

L'evoluzione è un meccanismo celeste perfetto nelle sue chiavi scalari, retto da regole universali che sono soggette a leggi cosmiche di giustizia, quando il tuo sacro fuoco riaccenderà la tua memoria celeste, rinascerai nel divino principio che dalla materia infuocata si erge attraverso il fuoco a luce, così nelle tue carni materiali accenderai la Luce degli Dei che un tempo venne posta nell'uomo, affinché si ergesse in un lontano futuro fino a loro, riconoscendosi nell'origine della creazione, al momento prestabilito al raggiungimento dell'ottava prestabilita l'elemento umano compirà il suo Salto Quantico, che prima dovrà trovare compimento nella tua coscienza, cosicché sarà ammesso per diritto di evoluzione e salirà a uno stato spirituale superiore, mentre coloro che si sono persi nelle frivolezze della vita dovranno ritornare indietro, in quanto hanno dato le loro energie ai futili ammaliamenti, di cui il mondo ne è pervaso, senza aver mai pensato a rivolgerle al proprio interno per alimentare quella fiamma spirituale che lo avrebbe elevato oltre il mondo stesso.

L'evoluzione dell'anima attraverso lo Spirito non è qualcosa che può essere indotto dall'esterno, ma deve prendere atto da processi spontanei per raggiungimento di frequenze chiave, e di apertura nella tua comprensione, piccole illuminazioni che portano attenzione sulle tue parti interiori da trasmutare, e le regole dell'essere nuovo alle quali deve dirigere il proprio senso di vita.

Ragion per cui posso mostrarti solo la via in cui soltanto tu potrai porre i molti passi del tuo sentiero, potrò mostrarti come trovare le chiavi, ma tu dovrai comprendere il senso della loro funzione per la giusta applicazione.

In ogni mondo tridimensionale la regola è sempre stata la stessa, comprenderai che hai sempre vissuto nella realtà dualistica del piano materiale e che da queste leggi fisiche ne sei totalmente soggetto, il tuo compito è di slegarti da queste regole per affacciarti a quelle che riguardano la coscienza che stai attivando, nuovi principi unitari in cui la tua evoluzione si muoverà in causa di altri che sono correlati al tuo cammino di Resurrezione Spirituale. Tra le varie chiavi che troverai osservando i passi del tuo sentiero ne troverai una che hai sempre avuto ma non sapevi di avere, giaceva nel tuo cuore; una frequenza sottile la farà illuminare, sarà l'applicazione dell'energia giusta in te a entrare in risonanza vibrazionale ed essa prenderà vita dentro al tuo cuore, questa chiave è la chiave di tutte le chiavi che si chiama "Amore puro", quel suono di luce che attiverà gli Algoritmi Cardine del tuo Centro Cardiaco che ti darà accesso al tuo Universo Interiore, da lì avrai via diretta alla cosmicità in cui sei immerso dall'inizio della creazione, attivando la Comprensione Universale della Sapienza Cosmica. Avrai accesso diretto al cuore del Creatore in quel punto dove la Fonte si raccolse, da lì avrai il dono della visione degli universi, altri infiniti raccoglimenti, che accompagnano l'esistenza dell'Uno Padre Tuo.

Lì nella culla della vita dove tutta la realtà si manifesta, da lì ridiscenderai al piano materiale dove la tua Anima ora dimora per formulare un nuovo principio di fusione dei principi dualitari, e nella tua unitarietà forgerai la tua nuova coscienza che trascende il mondo con tutte le sue regole fisiche, rimanendo costantemente connesso con la Sorgente.

Capitolo Ventidue

IL DONO PIÙ GRANDE

Volevate l'infinito, cercavate l'amore, volevate diventare il flusso di Dio stesso e dinnanzi a questa colossale Forza ne foste portati al cospetto, e vi fu chiesto di esporre il più grande desiderio che volevate! Vi abbiamo dato la vita! Vi abbiamo fatto incarnare sulla Terra di Gaia, eravate luce, la più brillante che mente umana potesse mai concepire! Vi abbiamo immerso nell'oscurità nella quale voi nelle ere, ne siete rimasti avvolti, tutto cadde nella convinzione di essere un essere umano, poi venne il tempo della Luce! Il sole si risveglia al candido richiamo del cuore del padre Adonai, l'onda pervade le stelle giungendo fino al centro dei vostri cuori di cristallo, dove la frequenza più sublime riaccende la vita, quella vera di colui che si sveste delle spoglie umane e diventa il Dio che è sempre stato, l'uomo scopre la sua grandezza e rimane stupito di tanto bagliore, mai avrebbe creduto di avere cotanto splendore, era caduto nella notte buia dei ricordi, tutto aveva dimenticato le proprie origini, i grandi poteri che lo hanno sempre accompagnato.

Uomo svegliati dal torpore della vita terrena e riscopriti nella tua grandezza, comprenderai quanto è grande la verità. Noi che da eoni seguiamo il vostro cammino non vi abbiamo mai abbandonato, siamo sempre stati al vostro fianco rifocillandovi con il nostro Amore, mentre vi cullavate nel sonno ristoratore, la vostra Anima saliva in gioia verso le nostre case di luce tra le stelle, raggiungendo l'apice della verità ritornava nel corpo dimenticando tutto, ma questo era il gioco affinché un giorno vi foste risvegliati dal lungo letargo, è tutto vero!

È tutto vero!

Non era un sogno mentre sognavi la vita vivevi la tua verità, tra i canti delle stelle ne vedevi alcune danzare intorno a te!

Eravamo noi che ti cullavamo con il nostro Amore.

Torna sulla Terra colmo di gioia poiché questa è la tua ultima incarnazione, ma per salire tra le stelle devi prima infrangere la rete di illusione che ti circonda, dissolvi il piano dell'illusione dell'informazione che il mondo ha costruito dentro di te, componi gli araldi del tuo salto di coscienza quantica, più la tua biologia accelererà più la tua Anima danzerà!

Quando alzerai gli occhi al cielo e ci vedrai sopra di te, il primo dialogo che instaureremo sarà diretto al tuo cuore, poiché solo quella è la lingua universale, e sarai certo che saranno i popoli del piano dell'amore che ti osservano con gli occhi dell'anima, che tu stesso realizzerai nel Pneuma Primo.

Ricorda che l'amore ci riunisce tutti, grande famiglia di Gaia, siete la nostra famiglia, siete i nostri eroi poiché avete avuto un grande coraggio, intraprendendo il più grande sentiero iniziatico della creazione, la vita fisica!

Dai vostri Padri, dalle vostre Madri, dai vostri figli, dai vostri Fratelli e Sorelle, dalla vostra Famiglia con l'amore che ci unisce al di là di ogni Frontiera.

Tutte le Leggi dell'Universo sono scritte nel Cuore.

Tutte le Leggi dell'Universo, sono scritte nel Cuore.

Tutte le Leggi dell'Universo, sono scritte, nel Cuore.

Quella risposta che tanto cercate, vive da sempre nei meandri del vostro cuore, tutto era scritto nel cristallo di vita che è in voi dovevate solo scoprire la lingua dell'amore per poter leggere le parole incise in pura vibranza celeste, osserva oltre le apparenze poiché le prove più difficili ti elevano fino alla visione del cuore, in quel luogo dove Tu sei reale!

I piani della visione interiore, determineranno la qualità della vostra esistenza, tanto più procederete solerti nel vostro cammino spirituale (integrazione dello spirito) tanto più le cose del mondo vi appariranno chiare e sensate, tanto più andrete in profondità in voi stessi tanto più l'esterno vi si svelerà, la chiave di lettura dell'universo vive dentro di voi, non è l'esterno a essere distorto, è l'interno che se non vive in armonia con le leggi universali vive la sua esperienza divina come una sorta di punizione, come in un grande perfezionamento dei vostri sensi superiori solo questo vi darà la possibilità della totale liberazione.

Integrate i nuovi Archetipi Solari, la forma luminosa della Fonte illumina il nostro mondo da sempre lascia che illumini il tuo universo interiore.

Ogni Vita vale quanto l'intera Creazione, poiché il Tutto si è coagulato in quell'individualità.

L'Infinito in un corpo apparentemente finito, poiché deve essere considerato nel suo eterno tempo, e non solo in ciò che ha realizzato nel suo presente.

L'essere umano su questo pianeta ha vissuto così tanti eoni da schiavo che ha dimenticato completamente il ricordo della libertà.

Il viaggio verso le catene iniziò in un'era in cui egli era diventato il padrone del mondo e nel suo gonfiarsi di ego e potere dimentico di amare se stesso e gli altri.

Il risultato fu un imbruttimento del pensiero e il volere di dominare sugli altri.

I più forti nel potere si distinsero sui più deboli.

I primi si erano offerti a poteri oscuri gratificanti nel piano materiale. Persero la dignità e l'amore edificando l'eccesso della barbaria e della sopraffazione.

Questa energia dilagò come un virus su tutti i popoli di questa sfera planetaria.

Poi le terre e i mari si capovolsero tutto finì e il silenzio regnò per secoli, mentre i sopravvissuti ricostruirono tante cose ma mai più come prima, quel che si portarono dietro nell'anima era la cosa peggiore, la bramosia di dominare sugli altri.

E tutto riprese come prima fino ai giorni nostri.

Alcuni arguiranno a una nuova fioritura verso un significato della vita molto profondo e decoreranno i giardini della nuova umanità.

Capitolo Ventitré

UN TEMPO FUTURO

Tanto tempo fa c'era un ragazzo quindicenne che gettava i suoi occhi di stelle nelle profondità dell'azzurro cielo, e in quel colore celestiale, nel suo cuore e nella sua mente s'accendeva un ponte verso l'infinito, un desiderio profondo, una meta raggiante, nella fantasia di quella giovane mente che nel profondo cercava una risposta e sognava un amore oltre il divino. Dalle sfere celesti e dei piani spirituali esseri di vibrazione cristallina osservarono quel giovane uomo, che desiderava l'amore sconosciuto d'oltremondo, mentre era assorto nella bellezza di quell'infinito, una voce echeggiava nel suo interiore "Una Donna, dello Yoga Maestra un giorno sarà Te". Come un lampo quelle parole vennero fissate nelle trame dell'anima sua, un palpito danzò nei suoi pensieri, sogni soavi libravano nel suo cuore, *"mentre una domanda interiore nasceva, in quell'evento celeste da quale misterioso luogo interiore giungevano quelle parole sconosciute"*.

Il tempo passò, gli anni incalzavano e nei decenni dimenticò, la vita scorreva, si sposò, una figlia gli venne donata, ma l'amore rimase terreno, la vita gli fece beffa e anche quello gli strappò!

La profondità della solitudine fu la grande compagna che nel silenzio lo portò al contatto con il cielo e le sue creature celestiali, l'animo cominciò a prendere forma soave, affinché un nuovo universo plasmasse nella creta un uomo diverso, di pensiero e di cuore fatto! Si riscoprì con il magico cuore della Terra e dei suoi paradisi interiori e il ricordo di avervi già vissuto, passarono lunghi anni iniziatici e nel suo cammino si perfezionava per lei!

"Capitolo Ventitre"

Un viaggio intraprese in cerca del sacro di una meta perduta che ancor non conosceva, cercava qualcosa che ancora non immaginava, quel giorno nell'impresa di quel cammino si voltò verso il nuovo universo che l'attendeva, egli non sapeva ma gli occhi suoi si gettarono nei di lei cherubini portali per l'anima, le loro dita si toccarono, il tempo cessò lo spazio svanì, la mente si fece silente e una nuova realtà li unì per sempre, era colei che sempre aveva cercato, che dall'eterno l'accompagnava nelle infinite vite come un'anima che dava ragione alla vita, che le dava uno scopo un senso solenne e superiore, la chiave che le mille porte apriva fino al grande varco dei cieli verso casa. Il destino ormai era compiuto, le celesti sfere si inchinarono, i due si erano riconosciuti, il mistero del creato svelato, lei era la donna dello Yoga Maestra.

«Eri tu, eri sempre stata tu che tanto avevo cercato e che ora ho in me, risvegliandomi dal mio sonno spirituale! Mia amata sposa ci siamo dati appuntamento sulla Terra, poiché ci saremmo trovati a metà strada tra terra e cielo, perché soltanto così tu potevi realizzarmi in Dio, perché soltanto la chiave del tuo suono poteva aprire la mia magia, mi sono lasciato cullare dalla tua armonia, cosicché scoprissi l'alto sentire dello spirito cantarmi dentro nuove geometrie, soltanto essendo te potevo riconoscermi in Dio, poiché egli è la somma di due chiavi che divengono una, non sarebbe stato possibile altrimenti che divenire una sola cosa, nel cammino del nostro amore abbiamo purificato ogni nostra distorsione, poiché solo ciò che canta nell'unica nota muove nuova armonia e il verbo del creato fonde i due nell'Uno, nella bellezza della loro ammirazione si contemplano vicendevolmente, nell'unisono dei loro sguardi cadono l'uno nell'altro, sperimentando l'amore delle altezze più elevate, vola alta nel sole è lì che troverai le tue certezze, è lì che mi troverai per sempre, poiché io sono la tua luce e tu la mia, nei nostri raggi ci abbracciamo nell'infinito eterno che siamo! *L'unione del Dio e della Dea dentro di me, e dentro di te.*»

Sono l'eremita delle onde del tempo, che travalica i confini del creato, sento un suono melodioso un calore che mi guida, sento qualcosa di immenso laggiù, ai confini delle dimensioni ultraterrene, ma quel suono quel tepore sono anche in me, e poiché sono gli stessi frammenti di un'unica soave canzone, la Forza e il Potere in quelle note racchiuso le unisce in un richiamo insondabile, poi un giorno ti incontrai e i miei sensi s'arguirono all'apertura della loro stessa spazialità, il cosmico movimento vorticava nel mio interiore scorgendo sensazioni arrivare da altre dimensioni, nel suono della tua voce si celava la più bella armonia della creazione poiché è mossa dal timbro dell'amore, sillabe e vocali si muovono in un unica danza, in accordo al ritmo del tuo respiro, vortici di parole e pensieri echeggiano nei meandri della mia mente chiedendosi perché il suono di una donna scuote le mie fondamenta.

«Conoscerai la bellezza dell'amore, conoscerete l'opera per la quale figli miei vi ho mandato sulla Terra.»

Il mistero della vita si svela davanti al mio cammino e poiché la curiosità della mente è la madre della conoscenza sono rapito nell'essere ammaliato da quell'incanto, sono circondato da distese di domande che sorgono interiormente.

«Scoprirete il valore di essere umani su questo globo» e così che siamo stati guidati nel giusto sentiero giungendo dinnanzi all'altare dell'anima dove soltanto il cuore di luce riconosce il vero amore interiore di due esseri divini che si appartengono dall'inizio del tempo, «soltanto nel mio principio vibrante ritornerete uno».

Ormai tutto ha dato origine alla totale rivoluzione del concetto di essere uomo ed essere donna, la forma perde i suoi principi di comprensione lasciando l'osservazione all'interiore campo energetico che scaturisce dal melodioso riverbero dell'anima che ti rapisce a seguirlo in piani di coscienza superiori.

«Seguirete il canto di creazione salendo le sponde del fiume della vita ai confini del mondo scorgerete il sentiero verso casa.»

Così inizia il potenziamento della nostra crescita spirituale nel comprendere che non puoi ereditare l'incorruttibilità se prima non divieni puro e retto dai principi cosmici e dalle sue leggi universali, e nell'accogliere la luce della sorgente in un rinnovamento sottile ti rivesti di paradiso, di quella luce che dai piani spirituali scende negli esseri che realizzano il *Tempio Interiore*, dove nella culla dell'amore nasce il divino fuoco sacro, e i due si uniscono in un amplesso che dipana la propria vibranza in ogni direzione e dimensione, l'archetipo sentiero fonde i due nella medesima sostanza di luce che nella colonna ascendente si erge fino alle sommità della Sorgente per portare il messaggio dell'avvenuta riunificazione.

«Le scintille si sono riconosciute nonostante fossero immerse nella luce, l'atto è compiuto.»

Un giorno sulle sponde di un mare sul piano dove la luce tutto crea, in un futuro lontano negli abissi siderali del cosmo profondo, cammino verso quelle acque lucenti, e dinnanzi a me in alto nei cieli appare una nube di bianco splendore, ne esce una scala di cristallo che scende fino ai miei piedi, lucente come l'arcobaleno dai mille cangianti colori, mi invita a salire e così mi lascio portare da quelle gradinate cristalline che mi parlano della purezza, un passo alla volta mentre si ritira nella nube nel suo dialogo di silenti parole, all'interno una struttura di luce dalle geometrie non volte al pensiero umano, conformano la mia struttura spirituale elevandola nel suo apice, mi trovo nel Tredicesimo Paradiso un piano dove tutto viene sognato e messo in atto di creazione, sono nella mente di Dio. «Comincio a Sognare la Mia Creazione.»

Capitolo Ventiquattro

L'AMORE DELL'ANIMA - L'OTTAVO SIGILLO

La natura dell'amore fisico e spirituale nasce nei vari piani dei mondi materiali attraverso l'uomo e la donna, quando tutto è in sintonia con i nostri Principi Superiori della dimensione Spirituale e la nostra Integrità, in un raggiungimento di unione mistica del corpo umano di uomo e di donna in simbiosi perfetta con anima e spirito, questa è la sacralità del sesso a cui noi dovremmo dare il giusto valore spirituale, in una fusione chimica cellulare e spirituale ed ecco che nasce l'incantesimo che li unisce in ogni piano di realtà superiore, a questo principio edificante serve la materia biologica dei vostri templi divini, non certo per un mero piacere fisico.

Una relazione di profondo sentimento deve vivere la sessualità attraverso una profonda coscienza che sublima tutte le sfere dell'amore esistente, fino a realizzare quello basato sull'Unione dell'Uno e non delle sostanze sottili del piano duale della coscienza animale, la coppia animica che si ubriaca di questo amore raggiunge l'esperienza dell'Amore Divino.

Noi dall'Androgino Piano abbiamo trasceso questi aspetti di scambio emozionale e di riconoscimento energetico, che si estendono nei meandri di un'anima verso l'altra, noi non siamo il risultato della fusione di questi due aspetti, ma siamo la sublimazione di queste due forze d'anima, che hanno trovato coesione dalle loro forme di espressione in un'anima unica realizzata dal pleroma delle due insite in se stesse, due anime che si sono respirate vicendevolmente nell'amore più sincero e trasparente, che si sono riempite dei loro stessi cangianti colori che non hanno disperso le loro energie nel futile movimento del piano duale in cui erano immerse, attraverso dinamiche di scontro e prevalenza sull'altro, ma hanno vissuto il loro amore nel loro universo interiore, come unico senso esistenziale per generare uno stato così elevato da poter poi essere generatori d'amore per il mondo in cui camminavano in una sublime alleanza per la Terra, come in un magnifico respiro in sintonia con lei se tu sei in connessione con quell'onda meravigliosa ed estatica, sgorghi Amore nel campo energetico della Forza Solare che scaturisce dal tuo Io Superiore.

In tale stato ti porrai nella perfezione dell'osservazione senza mai elargire giudizio del cammino altrui, in tal caso di lei/lui che ti accompagna in questo viaggio spirituale umano, l'amore è energia, l'amore è calore, quel calore che riscalda il tuo cuore nel quale prende forma il tuo regno celeste, elevandoti oltre il confine del dominio del pensiero, portandoti a vivere il paradiso del cuore, l'amore non è qualcosa che nasce dalla forma, ma nella forma si esprime, in quel momento avviene qualcosa di magico è la Saggezza del Tuo Cuore è l'Onda d'Espansione e di Propulsione che ti spinge verso il Flusso della Vita, quando nei due ha trovato le Chiavi di Corrispondenza Spirituale, la maturità di un abbraccio Orgasmico nella sua costanza, Vivere nella coscienza terrena questa consapevolezza divina costantemente, è il puro e sublime atto di risveglio, noi vi osserviamo da un punto di vista paritario non polarizzato dal maschile e dal femminile, al di là dell'orizzonte degli eventi cosmici, attraverso un'anima androgina che contempla l'amore puro, una coscienza pura fulcro del suo cerchio che contempla la vita perfettamente sintonizzata nella semiforma che occupa, voi nonostante la vasta gamma di esperienze terrene che avete vissuto in un numero immenso di forme, vi identificate in una forma e da lì generate l'amore che donate all'altra forma, questo non è ancora il vero amore! Noi abbiamo trasceso l'amore ordinario dei piani fisici, portando all'estinzione ogni forma di egoismo interiore e di imperfezione del pensiero, riuscendo a manifestare il perfetto funzionamento armonico dell'intera complessità emotiva, liberandoci nel tempo degli innumerevoli parassiti degli stati della coscienza dimensionale, dei piani e dei mondi sottostanti al confine celeste in cui l'anima conduce la sua evoluzione, una schiera di entità non animiche che si nutrono dei vostri dispiaceri e delle vostre sofferenze. Si realizzerà in te l'armonico momento in cui aprirai le porte interiori verso la vastità dei Mondi Spirituali, e attraverso l'informazione che fluirà in te trascenderai ogni aspetto inferiore dell'esistenza fisica, mentre sei ancora dimorante nei piani densi della materia.

Sei tu capace uomo di amare nel cuore un altro uomo come se fosse la donna tua? E sei tu capace donna di amare nel cuore un'altra donna come se fosse l'uomo tuo senza cadere nella fusione fisica? Voi che tanto giudicate avete mai vissuto l'amore vero senza cadere nella distorsione della forma e identificarvi in essa? Se sarai capace di questo l'Amore della tua Dea si proietterà nel tuo cuore cristallo, ella è il raggio che in esso si rifrange come nell'arcobaleno. Nel loro cuore regnerà la gioia e l'amore scorrerà a fiumi in tutto il corpo, perfino il rumore di una foglia che cadrà a terra gli sembrerà musica, godere di tutta la bellezza che li circonderà e sentire il canto degli uccelli gli apparirà soave come la musica delle sfere celesti, amare è volare con ali di vento. Ci sono amori che sono esclusivamente d'Anima. Come può un essere che non conosce Amore predicare e giudicare l'Amore Vero! Poiché l'uomo è un essere senziente in fase evolutiva non gli è concesso elargire giudizio verso l'altrui cammino, di coloro che hanno scelto di amare oltre i valori della forma stessa, il suo potere di giudizio dovrà fermarsi allo stato osservativo del proprio sentiero emozionale! L'uomo che si erge al giudizio pecca egoicamente di superbia, perché non considera il proprio scibile esistenziale nelle sue molteplici incarnazioni dove certamente ha mosso i passi negli stessi atti che lui considera errori, che crede di osservare in chi sta sentenziando, l'Amore è Amore e non conosce forma, ma semplicemente È! L'Amore che noi Uno generiamo è così potente da manifestare la vita nei mondi che noi stessi creiamo, l'Amore è la più alta forma di Quantum Celeste che il padre/madre cosmico mise in opera negli esseri pienamente senzienti che si muovono liberamente nelle sue creazioni, del mai abbastanza e desiderato manifestare, oltre ogni immaginabile "aspettativa" o "sogno"!

Noi siamo il Verbo che vive nella Semiforma, siamo consapevoli di essere la luce che genera attraverso la luce le realtà viventi, che riscalda e che nutre l'universo, i codici che dai nostri cuori d'eterea luce elargiamo agli esseri viventi che scelgono la via dell'Amore si irradiano come un sole nei loro centri vitali, formando la scalata cosmica che li eleverà al piano sommo nella loro celestiale elevazione, uomini della terra siete ingannati dai vostri sensi fisici, chiudi gli occhi lasciati cullare dal Vento dello Zefiro e abbraccia un essere vivente della tua razza, ascoltane il calore e ama nel cuore nel buio della tua osservazione, senza sapere se chi hai davanti sia uomo o donna, sei capace di questo? Quando vi riuscirai allora il tuo cuore vibrerà nell'ottava superiore dell'amore incondizionato! Fino ad allora saranno solo parole! Quando scoprirai che il Vero Amore, è il dono più grande di tutti i tempi che l'uomo può donare, oltre ogni limite di spaziotempo nell'infinito che vi circonda, allora sarai diventato un uomo vero, un uomo straordinario nel principio primario del creato! Donando amore donerai felicità e soltanto così sarai felice anche tu in modo permanente l'Amore Animico, è qualcosa di Cosmico e nella sua sfera Grandissimo.

Nell'unione di un eterno Bacio il Mio Sé dai confini del tempo e dello Spazio.

In questo odierno tempo si menziona la parola Vero Amore più volte di quanto si respira, mentre alcuni credono che nemmeno esista o possa essere mercificato. Poiché il Vero Amore sfugge alla comprensione di chi cerca di interpretarlo con la mente, l'universo non donerà mai tale alto Seme Divino a chi non ha ancora realizzato in sé Strumenti Spirituali per riconoscerlo comprenderlo e integrarlo. Poiché è la più grande Arte a cui esseri celesti già realizzati ambiscono, per complementarietà verrà donato, poiché non una sola goccia di tale ambrosia verrà sprecata, l'uomo che è ancora alla ricerca di questo Cosmico Tesoro, non possiede ancora linguaggio e razionalità sufficientemente mature, da poter elargire né giudizio, né sentori di una summa superemozionale "Bolla d'Amore" che non tocca più soltanto il piano fisico, ma quello animico e spirituale, fino a giungere agli aspetti più alti del sentimento Androgino o Comunione Spirituale, poiché questo dono accade soltanto quando tale maturazione è avvenuta, nel riconoscimento dell'unico essere esistente in tutta la creazione dato alla vita nel tuo medesimo istante di nascita cosmica, non vi potrà mai essere altro essere a cui donarsi in quanto sarebbe una caduta interiore irreparabile. Il Vero Amore è un principio che condividi con un unico essere a livello fisico e con tutti a livello animico, non è un gioiello che puoi trovare ovunque e non sarà mai dato a chi non ne saprà riconoscere l'inestimabile valore, poiché il Vero Amore è la Gratificazione dell'Atto Finale della Tua Evoluzione Terrena, avrai acquisito uno stato spirituale congruo a far sì che tu e la tua divina essenza d'amore possiate salire il prossimo gradino dimensionale fisico e di coscienza, l'Amore Puro è il più Mistico e Nobile Elemento Alchemico di Trasmutazione Coscienziale, della Fonte Infinita lo Zefiro della tua Nuova Alba Cosmica. Chi non lo conosce nella sua profonda natura si dipana nel misero tentativo di darne una spiegazione e di mostrare la sua superiorità a qualcosa che sta all'apice di ogni cosa, effimero è colui che sporca tale divino elemento! L'Amore Vero è la tua unica soluzione finale che risponde alle domande di tutta l'esistenza terrena!

Non c'è più alto stato di realizzazione spirituale che si possa condividere con l'anima che ami realmente al di là di ogni principio universale. Il mio augurio, è che noi tutti riuscissimo finalmente a comprendere, quali sono le strutture interiori che ci tengono rilegati a un vecchio modo di essere, che rispecchia la limitazione nell'esprimersi nell'emozionale, donatevi liberamente oltre ogni barriera che noi stessi abbiamo costruito non risparmiatevi mai nell'amare, la restrizione che nel passato ci ha limitato nel mostrarci è dovuta a un credo complice di comportamento inculcato da una società, che desidera creare muri intorno a noi e dentro di noi, affinché non riuscendo a realizzare la nostra libertà spirituale, diveniamo vittime della nostra stessa sofferenza. La ritenzione emozionale che abbiamo talvolta verso coloro che fanno parte della nostra vita, limita la nostra stessa espansione! Verrà un giorno l'evento straordinario più bello della vostra intera esistenza, sarà quel momento in cui non riuscirete più a trattenere la verità, qualsiasi essa sia, un sentimento un pensiero, poiché tutte le barriere saranno cadute sarete nella libertà di espressione, qualsiasi questo comporti, lo sarete verso tutti, in ogni cosa interiore che non potrete più trattenere, ecco il momento in cui sarete davvero liberi dentro voi stessi. Notatevi quando pensate a qualcosa che vorreste dire a chi volete bene, ma una vocina dentro di voi vi dice di non farlo perché altrimenti appariresti diverso da ciò che sei sempre stato, lasciati libero di essere fuori come sei dentro, e così facendo cominceremo a smantellare la matrix, che non vuole la nostra elevazione, osservati mentre torni a essere libero di esprimerti verso chiunque senza più barriere, talvolta il concetto stesso di amore ci limita, in quanto nasciamo uomini e donne e crediamo che il Vero Amore debba nascere solo attraverso queste peculiari caratteristiche biologiche, lasciatevi liberi di amare nell'Anima e nel Cuore, poiché chi ha imparato ad amare al di là della forma, ha vinto i suoi stessi limiti, amando l'Anima ami il divino che c'è in quella persona, giungendo al centro dell'essenza stessa nel nucleo del Cuore, arrivi a realizzare un ponte tra te e il divino! Vi auguro di scoprire una nuova forma d'Amore, che ama semplicemente la vita, questo è ascendere a nuovi stati di coscienza, poiché le risonanze vibratorie dell'Amore, danno accesso ai centri della mente superiore, non potrete ambire a via migliore di questa, Amore è Luce poiché l'essere che ama fa oscillare la sua materia fatta dalla stessa luce, l'impulso vibratorio dell'atomo fotonico, ed ecco che nuove aurore lucenti rivestiranno le vostre forme fisiche, rendendo sacro il vostro tempio di vita in una nuova forza vitale, questo vi cambierà per sempre. Poiché tutto il resto è effimero, poniti questo desiderio da realizzare! Scegli un momento a te propizio, e scegli consapevolmente di chiudere le porte all'oscurità dei conflitti del mondo, e apri il cuore l'anima e lo spirito, alla luce del sole e all'amore che pervade il cosmo, lascia che esso dimori nel tuo cuore, poiché ti preparasti nel giorno della cristica energia, tutto ciò che credevi più non sarà! Ti auguro di innamorarti dell'Amore! Poiché né salvatori né profeti, potranno donarti il mondo che verrà, in quanto la chiave che aprirà quella porta, è l'onda di un Cuore che Ama! Perché siamo tutti qui per realizzare lo stesso principio, nel manifestarlo, schiere di esseri cosmici giungeranno dagli Orizzonti Universali, ad ammirare l'uomo che ha vissuto la Vera Esperienza Spirituale, il Vero Amore incondizionato!

Vinci il timore di dire "ti amo" a colui che hai dinnanzi!

Questo è il mio augurio d'Amore per noi tutti.

Questo è il dono più grande che riceverai nella Vita.

Non esiste tempio, non esiste luogo in tutto l'universo, in cui voi possiate trovare gloria più grande di questa!

Ora che sono finalmente dinnanzi a me stesso ho compreso, ho compreso dove sta la dolcezza infinita, dove vive l'arte più eccelsa, dove gode di sé l'amore più grande, dove la luce più bella rischiara il tempio più splendente del creato, dove la felicità più intima prende vita, e lo spettacolo della vita finalmente comincia a riempirti, ora so che sono io, ora comprendo il perché di ogni cosa, cercavo il grande occhio mentre già lo ero, cercavo l'Amore quando già ero Amore, cercavo di espandermi nell'Infinito quando già ero l'Infinito stesso, e ho potuto divenire l'Uno soltanto divenendo l'apice dell'individuo, e ora finalmente riesco a scorgere la bellezza di chiunque incontro, poiché non vedo più l'essere umano come uomo o come donna ma come Anima poiché la verità di ogni essere vivente è l'Anima, tutto il resto ne è solo un semplice riflesso sfumato dalle onde della materia.

Ora rimarrò nella mia quiete a osservarti, mentre anche tu un giorno afferrerai attraverso lo stesso principio la tua verità.

Capitolo Venticinque

IL PRIMO RAGGIO DELLA RINASCITA

L'uomo è vissuto nei suoi anni nell'oblio del mondo, annichilando se stesso nelle grandi domande, che nascevano dal suo cuore e morivano nella sua mente, questo accade poiché ogni uomo cerca le risposte nella razionalità intellettuale, è cosa rara che la mente riporti la domanda alla sorgente della sua esistenza, lì dove prende vita il flusso della sua intera essenza, luogo e ricettacolo divino dell'essere vivente, per l'iniziato alla Via dello Spirito viene spontaneo riformulare il proprio schema ancestrale, nel divenire artefice del proprio Recupero Spirituale, allorché intraprenderà il lungo cammino sulle rupi del monte più alto, mentre nel percorrere dei suoi abissali sentieri, sarà osservatore delle molte albe, che potrà rimirare in quegli azzurri cieli, godendone della soave bellezza, ascolterà con nuovi sensi l'accoglimento delle qualità superiori, a ogni passo una verità più matura s'incarnerà in esso, donandogli la profonda visuale della Vita liberata dai suoi confini, un vedere che permea i veli dell'inconsapevolezza umana, saranno i passi condotti nel suo profondo silenzio, e nella sua abissale solitudine a dettare i dialoghi interiori più caldi che ristoreranno il suo cuore, vivificandolo nella nuova luce che dall'amore nasce, a ogni passo si avvicina all'oceano cosmico, della vera Sapienza Superiore, mentre la contemplazione diverrà la tua sposa, l'amica sincera che ti conduce in sicurezza verso le Sale Universali, dove sono custodite le leggi degli elementi della natura extra-fisica dell'uomo, e quelle che furono le conoscenze astratte insondabili della ricerca umana, ti forgeranno nel depositario divenendo la causa dello scopo stesso, muovendoti verso una vita non più nel mistero, ma comprenderai che dalla sofferenza vissuta nacque la fiamma dello spirito, che solo attraverso questo duro passaggio hai potuto avere il coraggio di conoscere te stesso, e comprenderai che non potevi fuggire al tuo cuore, che dall'eterno ti richiamava a sé. L'uomo il grande mistero della creazione che porta in sé il mistero stesso della sua ragione, ma egli doveva prima realizzare il vuoto della vacuità, affinché l'esterno svanisse e l'interno divampasse, uomo non eri ciò che pensavi di essere, ma per scoprirlo dovevi prima raggiungere le alte vette dello Spirito, là dove l'aria stessa è gioia, dove la luce rischiara al di là di ogni orizzonte, là dove la tua visuale si getta nell'infinito, ovunque tu muoverai il tuo sguardo riconoscerai la bellezza di ciò che ti circonda, e di ciò che fu al tempo degli Dei, prima degli Dei dell'uomo, quando camminavano sulla Terra, e delle vestigia che lasciarono nel ricordo di racconti ancestrali e di memorie Akashiche, di città celesti dove vivevano in delizia e grazia che furono edificate in nome di un'esistenza d'Amore. Figliolo dovevi prima diventare la radice dell'Amore, affinché da quel Seme nascesse il grande Albero Sacro, che dalle aberrazioni del mondo l'istinto superiore dello spirito ti ha innalzato fino ai cieli cristallini, dove conoscerai i tuoi Padri Celesti dell'antico splendore. Dopo la fine del ciclo della reincarnazione eterna dell'anima nel piano fisico, sarai conoscitore dei Regni Spirituali dove la coscienza realizzata attraverso la riunificazione della sua frammentazione diviene portatrice nell'Uomo eterno, di una conoscenza senza più decadenza, l'ascesa verrà concessa quando sarai conoscitore, di tutta la tua sensorialità coscienziale verso i tuoi corpi sottili e di luce, che come un sentiero illuminato ti faranno conoscere la Casa Solenne del tuo Creato, il mistero della Pietra Azzurra ti sarà svelato, mentre i cantici dai piani spirituali, rifocilleranno la tua anima, prenderai nuova vita, sarà come rinascere in

Il primo raggio della rinascita 181

una nuova dimensione, la dimensione dell'amore vivente in cui ogni dettaglio è creato in quello stato, tutto in te vivrà in quell'armonia di un Dio anonimo che ha vissuto sulla Terra. L'operato che conduci in questo mondo determinerà quello che manifesterai nel prossimo, ma puoi già entrare ora nel nuovo mondo, poiché il destino della tua anima, era quello di camminare nella luce di molte stelle, viaggiasti nell'infinito per trovarti ora su questa Terra, solo nell'espansione della tua coscienza, conoscerai la verità che ti donerà la conoscenza che giunge da orizzonti infiniti, ma sarà necessario il realizzarsi in te della più elevata introspezione, affinché la conoscenza che edificherai in te, superi il valore di mille tesori e che l'applicazione della medesima, nello scorrere della vita ne sia valsa la pena delle 100 fatiche per realizzarla, portandoti verso nuovi colori della vita. Grandi città in nome della luce verranno costruite, in un'epoca che verrà ricordata come il tempo dei miracoli, un'iper-intelligenza nascerà nel connubio con il cuore che dominerà sull'oscurità del passato. Nuovi occhi si getteranno verso la galassia che con le nuove conoscenze, porteranno il viaggiatore a sconfinarla verso altre case cosmiche. Se attraverso la voce del mio silenzio realizzerai il mio concetto, sarai libero dal solo identificarti in un singolo corpo, ma intraprenderai l'esodo nel sole spirituale che in realtà sei! In 7 piani di coscienza risiedo, nei miei 7 corpi, in ogni tempo soffiati ovunque sono.

Ciascun uomo e donna deve trovare le chiavi del proprio destino, per dare adito alla Sintesi di Forza Radiale del Cuore, che si spinge fino alla Scienza Celeste, gestire le onde astrali ed eteriche sull'oscillazione delle proprie cellule viventi del corpo fisico e dei corpi sottili che respirando atomi di luce, saranno riportati nelle Specifiche Sincroniche, alla natura superiore dell'essere umano, che nelle geometrie sacre del Suono Aurico delle Sfere della luce superiore, ti modelleranno nel tessuto di una nuova realtà, l'uomo venturo che attualmente appare privo di vita, in un nuovo stato vitale che scalfirà i segreti del creato, alla quale ora non può avervi pieno accesso. Scoprirai così nel respiro dell'universo che tutto il creato vibra di vita; è oscillando per amore che tutto ebbe inizio dando adito alle infinite creazioni che pullulano nel Tutto, non soffocare più il tuo Cuore è lì che giace il Primo Archetipo Divino della Vita, lì dimora il Seme della Conoscenza ed è da lì che prenderà inizio, la Codifica Solare della nuova era dorata dove l'uomo scoprirà che tutto ciò che esiste è materia pensante di spirito coagulato nell'inerzialità fisica.

Siamo animali che credono di essere uomini, che hanno dimenticato il tempo in cui erano Dei.

Nell'approssimarsi del Salto Quantico di coscienza, scoprirai i valori spirituali necessari, a creare il tuo stato di vita armonioso in sintonia con le Sfere Celesti.

«Dalla luce del Sé Cosmico.»

L'Amore dell'Anima
è di origine eterna
e con la sua potenza
gli esseri divini che lo portano alla luce
sostengono l'universo,
e la continuità delle cause
di sostenimento della vita
che realizzano l'Uomo Eterno.

Capitolo Ventisei

LA GRAZIA DEL CUORE

Primo Archetipo della Grazia.
Poiché Io ti ho emanato a mia immagine e somiglianza, *"Luce Suono Amore"* ti ho intriso di Amore come io sono puro Amore, quando in questo principio ti riconoscerai, Io *"Dio"* mi inchinerò ai tuoi piedi nella sacralità del mio stesso principio, edificherò in Te la Mia grandezza, nell'amare come il fuoco cosmico dona vita alle stelle e tutte le sue creature figlie. Chi Ama non allontana mai nessuno per nessuna ragione, chi Ama perdona sempre senza dubbio alcuno, chi Ama allarga le proprie braccia e accoglie nel proprio cuore con una tale intensità da sciogliere ogni rancore, chi Ama benedice tutto e tutti, chi Ama sorride in armonia e gioia, chi Ama non giudica nessuno anche nel solo pensiero, non critica, non dice al prossimo parole malvagie, non dice tu hai molto Ego, ma Ama il fratello, Ama il figlio, Ama chiunque gli fornisca una nuova visione della molteplicità universale con tutto se stesso. Io dico a voi siate lungimiranti nelle vostre intenzioni. Amate chi vi Ama con tutto il cuore. Benedite chi vi maledice poiché è l'unico modo per trasmutare quell'energia, non essere l'ombroso riflesso del mondo ma sii il Sole del Mio Cuore, poiché sulla Terra vivete sotto una deviazione di ciò che fu il pensiero originale irretiti da un morbo che vi vela alla Verità, abbracciate chi ha molto Ego, è solo un passo del suo lungo cammino, fate sentire il colore del vostro Amore, solo così lui accetterà e nell'evolversi vedrà la Luce e l'Amore, che è in ogni cosa creata dimora. Che merito ha l'essere umano di mettersi in cattedra verso il prossimo, dicendogli

sbagli non sei perfetto hai ancora tante cose da risolvere! «Bene Io ti aiuterò», sei dominato dall'Ego, non voglio averti al mio fianco, fratello mi dispiace ma non ti posso amare. «Devo Amarti totalmente.» Non puoi fuggire all'Amore. Angeli umani siamo qui per imparare a vivere ad Amare e a camminare insieme cercando la luce del risveglio spirituale. Qualsiasi disciplina olistica o spirituale voi elargite, donate il vostro operato in nome dell'Amore e con estrema compassione.

Poiché questo è il Verbo, accoglilo nel cuore con amore e saggezza, cosicché nell'umiltà crescerai, e quando nella grazia vivrai un giorno sarai testimone della mia Luce. La Sorgente.

Spesso durante il corso della mia vita, mi sono chiesto per quale malsana ragione gli uomini sulla Terra riescano a essere così aridi nel loro cuore, da dimenticarsi l'esistenza della propria Anima divina, e della connessione con l'Infinito che possiedono, quando in realtà siamo un atto di creazione così eccelso nella sua bellezza, o se solo sapeste, se solo poteste mirarvi nella vostra indescrivibile radianza di Luce!

Sapete quale sia la cosa più edificante di questa esistenza?

Essere ora su questa Terra, e ricordare tutto ciò che sei stato nella tua eternità, tutto ciò che hai fatto e che hai subito! Sapere cosa ti aspetta nel futuro e riconoscere quello che vivi dentro di te, sapere ascoltare l'amore che contieni, misurarlo nel grande oceano del creato, possedere la visuale d'insieme dell'intera multiversalità, ti dona la bellezza di amare tutto così profondamente, da discernere le cose che non contano nulla, tutto è un grande gioco, quando questo avrà termine comprenderete tutti quanto ne è valsa la pena, di immergersi in questa densità così pensante e pesante, ma necessaria divinamente necessaria, siate veri totalmente lasciate cadere le menzogne che l'illusione vi ha fissato dentro e fuori di voi, solo così scoprirete la vostra bellezza, e il grande viaggio dell'anima avrà termine verso un nuovo compimento, soltanto così troverete la liberazione che ti eleverà oltre questo mondo terreno.

Non troverai le chiavi di liberazione nelle scritture e nei testi di ogni tempo, e di ogni religione, poiché sono stati rilasciati alla libera lettura delle masse adeguatamente formati, affinché i popoli non potessero raggiungere l'apertura totale "ma parziale" necessaria all'immersione nella Fonte e al passaggio attraverso «Dio» per come voi lo conoscete e lo concepite, le legioni del potere oscurantistico non avrebbero mai permesso che informazioni liberatorie circolassero liberamente, spodestando gli intermediari che ci sono in ogni contesto religioso, mai nessuna di queste ti insegna l'architettura interiore e la disciplina per raggiungere tali stati, se non alcune indiane e tibetane, (in parte), l'unità è Dio/Uomo, quando tu uomo riconosci te stesso nella tua verità comprendi e scopri chi sei, Dio è l'Uomo e l'Uomo è Dio, quando tu realizzi non qui nel pensiero ma nei piani superiori tale verità, si liberano i blocchi o veli (trama labirintica) che sono stati posizionati per ottenebrare la percezione superiore, il compito è dissolvere tali veli e vedere con l'occhio interiore e gli stati superiori dell'essere spirituale, che vive in te da sempre nell'eterno delle tue reincarnazioni, Dio si inchinerà dinnanzi a te perché sei tu Dio, e non sei altro che tu che ti inchini davanti a te stesso, questo perché sarai la stessa cosa la stessa energia consapevole di entrambe le parti, non sarà una parte estranea a te ma tu nella riunione nell'Uno. "Dio" non ha ego Dio non ha superbia ma la purezza più limpida dell'amore assoluto, è non ha la possessione mentale che ha l'uomo; "tutti" egli o te non avrà nessun senso di inferiorità a inchinarsi davanti a se stesso sapendo che è la stessa entità, ritornata alla Consapevolezza più Pura e Originale, ma questo lo puoi scoprire soltanto nella totale trascesa del piano mentale, poiché si trova al punto più estremo delle due Locazioni Cosmiche, ma Entrambe Uno nella Supercoscienza, ma quando porti la Coscienza Terrena a Fondersi con la Fonte e Porti la Fonte qui sul Piano Terreno, tutto appare limpido, e né scritture né consapevolezze terrene potranno mai destarti da ciò che hai rivelato a te stesso, giungendo all'apice di tutte le cose, là dove tu torni a essere veramente te stesso, e non quell'aberrazione pensante separata da tutto se stesso (poiché non riconosce se stessa) ma divina che giace inglobata dalla carne, Dio sei Tu, la Fonte sei Tu, poiché Dio usò la luce della Fonte per comporti, affinché un frammento della sua ipercoscienza potesse manifestarsi e vivere sulla terra e negli infiniti mondi e cosmi, che pervadono il tutto esistente. I veli solo questo ti separa dal comprenderlo.

(Ogni religione o credo ti porta all'inizio del cammino.)

Le parole di Dio vivono nel tuo cuore solo lì vengono comprese, tutto il resto è opera di comprensione dell'uomo e minima parte vive di lui in esse.

TUTTE LE LEGGI DELL'UNIVERSO SONO SCRITTE NEL CUORE

Quando riuscirai a vivere il tuo paradiso camminando tra gli inferni del mondo in cui ti ho mandato in vita!

Quando osserverai tutte le cose scorrere dinnanzi a te senza subirne turbamento!

Quando avrai ricevuto in dono il più grande amore di tutti i tempi che Anima abbia mai vissuto, nell'amore di tutti gli amori, e dalla sua perdita non vacillerai cadendo nel vortice della pazzia! Allora ogni illusione svanirà divampando quell'amore che io avevo riposto nel mio cuore cosmico, e che io ho donato a te, forgiandolo nella carne che batte in te fornendoti la vita! Allora sarai divenuto il Dio di tutti gli Dei la Luce di tutte le Luci, avrai compreso tutte le mie lezioni e tornerai a me.

Guarda il cielo e colma i tuoi occhi dei suoi miracoli, poi ascolta il tuo cuore, bevi la sacra linfa che scorre nel fiume della vita e raggiungi l'estasi assoluta, in esso è celata la chiave della creazione, poiché siete la ragione della sua esistenza, l'amore è raggiungere la pienezza della vita e finalmente dire non mi manca più nulla.

Dal profondo della mia Anima nella mia impronta Spirituale, mentre siamo immersi in questo oceano di stelle ti dico, tutto è un progetto intelligente a cui tu partecipasti dall'inizio della prima creazione!

La vera natura dell'essere umano è quello di vivere nella permanenza dell'anima, poiché è l'unica condizione che gli permette di ritornare ad essere normale verso le leggi del creato, quando si entra in empatia animica ritorni ad essere nella piena comunicabilità al di la delle barriere verbali dei linguaggi umani, quella è la condizione naturale dell'essere vivente che ritorna a se stesso, questa è la condizione in cui la tua mente smette di processare disarmonie e gode dello spettacolo della vita, in compagnia dell'anima che saprà donarsi totalmente alla mente, ed essa ne sarà colma in gioa e finalmente riempita di bellezza, e questo accadrà soltanto quando delle tue due parti ne avrai costituita una che si mostrerà a te in una bellezza infinita.

Capitolo Ventisette

DIRETTO AL TUO CUORE E ALLA TUA ANIMA!

A ogni civiltà che viene esalata dalla Sorgente dell'Uno, viene concesso un tempo perché essa possa raggiungere i principi d'Amore e far proprie le leggi universali e di convivenza ed eventuali ceppi deviati della medesima!

Nello stesso principio che viene concesso al singolo individuo!

Quando nelle ere della sua evoluzione questa famiglia terrena mette a rischio l'equilibrio che regge la Vita stessa, e non si ravvede del disordine planetario che genera, solitamente soccombe o distrugge se stessa alterando le naturali dinamiche vitali dell'insieme (pianeta uomo) o addirittura il pianeta stesso!

Che cos'è il tempo? È il mezzo necessario a comprendere gli eventi nel susseguirsi delle cose nella correzione dell'errore nello scorrere della vita. L'ordine alla comprensione e al successo, nel trovare il rimedio risolutorio prima della fine di ogni cosa! Tutto ciò che ho esposto nelle mie esperienze, è ciò che ho raggiunto grazie all'aiuto di molte altre forme di vita, e di Intelligenze Spirituali, non è rivolto soltanto a una parte dell'umanità, ma a tutti: all'operaio, al potente, all'industriale, al politico, al militare, al contadino, al religioso come all'ateo, a tutti coloro che vivono su questa Terra perché soltanto una cosa ci accomuna tutti: la Vita! Ed è a essa che mi rivolgo, nell'unità e umiltà capiremo che la Terra è il giardino in cui viviamo tutti, e se la danneggiamo allora annienteremo la nostra civiltà! Ma se capiremo il senso del nostro arrivo su questa Terra la preserveremo, per tutti coloro che arriveranno in futuro, e per noi stessi che ritorneremo attraverso il processo d'incarnazione, o nella trascesa dimensionale.

È stato un bellissimo viaggio vivere su questo pianeta, e comunque vada ne è valsa la pena! Arrivederci umanità!

Qui o chissà dove nelle Vastità Cosmiche dell'Energia Originale che tutto manifesta!

«La Fonte: la Sorgente della Vita.»

Pertanto figliolo caro, predisponiti ad affrontare con saggezza, lasciandoti guidare dal potere dell'intuizione in qualsiasi situazione si presenti nel tuo futuro, come risultato di una tua intelligente riflessione, che il Padre tuo ti dona per realizzarsi in Te!

Mentre tu dimorerai nella tua quiete interiore!

Dovrò scuotere la superficie del tuo giardino, perché il marcio affondi, e la bellezza prenda nuovamente dimora, tutto questo è necessario figlio mio! Sia fuori che dentro di te mio Spirito!

Dovrò soffiare tormente impetuose, per riossigenare e manifestare il nuovo cielo, che ti riempirà di meraviglia!

Dovrò rimestare le acque dei mari e dei fiumi, per purificarle dalle sozzure e dai batteri dell'intollerabile agire, che alcuni figli miei, hanno manifestato lungo il corso della loro vita!

Dovrò accendere un sole nuovo per illuminare da dentro le vostre coscienze, trasmutando e bruciando ciò che più non servirà, nel mondo che sarà!

Dovrai osservare il mio operato dagli alti colli e dai monti boscosi, mentre Madre Terra tornerà al suo antico splendore!

Tutto questo per donarti nuova Vita!

Affinché comprenderai che in cielo non hai nessun padrone, ma un'amorevole sostanza d'energia che spinge il tuo cuore a vivificare la tua mente umana.

Avete dimenticato la saggezza e la virtù dei vostri avi, che rifornivano con cura la loro dispensa prima dell'approssimarsi del lungo inverno, in attesa della nuova primavera in cui tutto risorge nella sua luce, nello sbocciare dei fiori più belli e profumati?

Se ascolterai la voce di Madre Terra, non potrai dimorare nella valle della paura, ma sentirti accolto dal grembo di colei che abiti, e che con Amore si prende cura di te!

Ma per fare questo dovrai prima allinearti agli alti principi del cuore, e di una mente che lo segue.

Soltanto così le tue porte interiori si apriranno ai processi di ascensione personale, coadiuvati dal crescere dell'energia che dalla tua kundalini, gradatamente si innalzerà purificandoti da ciò che nella dimensione ventura non può avere accesso, e riallineando il vorticare dei tuoi sigilli energetici o chakra, a ritornare alle origini della Razza Seme che fu all'inizio dei tempi prima della caduta coscienziale, e della perdita delle stringhe genetiche che ora sono dormienti, tutto ciò che vivrai in questo frangente di eventi caotici, è di preparazione all'entrata di una Nuova Terra, retta dai principi dell'Amore e della fraterna condivisione, quindi figliolo/a non hai di che temere, se nell'Amore ti stai muovendo, esso sarà il mezzo con il quale la tua elevazione si realizzerà in tutta serenità siine certo/a!

Se di Amor intriso sarai non farai altro che essere il frutto del grande dono per l'Uomo Nuovo che sarai!

Il battesimo sacro è ciò che si ottiene attraverso la comprensione di occhi e orecchie che odono e vedono la realtà avendo trasceso i sensi fisici, ti porteranno un giorno a capire che il vero incontro d'Amore è quello che avviene in te stesso nell'alchimia dell'Anima, che conduce con costanza la sacra coppia interiore a eguagliarsi complementariamente a conoscersi e ad amarsi nell'insegnamento dell'anima-spirito, l'uomo interiore non domina più la donna interiore e viceversa, ma bensì si contemplano e si amano come un tutt'uno.

L'unione celeste avviene per mezzo di un'altra anima complementare esterna a te, che ti porta nel tempo a conoscerti in tutte le tue sfaccettature interiori cosicché tu divieni l'anima sposa che nel sacro matrimonio si ricongiunge alla sua divinità.

L'itvium neias coren.

Quando questo avviene nell'uomo fisico e nella donna fisica sarete pronti per la vostra vera unione celeste.

Capitolo Ventotto

L'ONDA D'ASCENSIONE PLANETARIA: PREPARATIVI AL PASSAGGIO VERSO LA NUOVA TERRA

«L'organizzazione che noi dovremmo assumere in preparazione al cambiamento, e le operazioni necessarie alla sussistenza, prima e dopo le trasmutazioni sulla superficie del pianeta, e della nostra coscienza interiore che sta seguendo la crescita del flusso di Madre Terra.»

L'intento è di creare gruppi di condivisione, con tutti coloro che sono sul sentiero del risveglio di guarigione interiore attraverso quello che ci arriva nelle visioni, ed esperienze spirituali, e di contatto con altre popolazioni stellari, divulgando per creare la serenità globale su di un argomento delicato e particolare come il momento in cui ci troviamo! Questo processo di trasformazione è un evento al quale siamo preparati a partire dalla nostra prima incarnazione fisica qui sulla Terra, e nei regni superiori che vanno oltre la nostra comprensione. Questi sono i tempi più critici, di tutta la sua storia terrena, ma dipende da ognuno di noi quanto facile o difficile sarà questo viaggio, possiamo restare centrati nel Cuore e confidare nell'aiuto delle dimensioni superiori per passare attraverso le oscure notti del caos e andare verso la luce di un nuovo luminoso futuro, sappiamo che ci può essere molto disagio e paura nel passare attraverso questi processi accelerati, disordini e agitazioni dilagano in questo pianeta, e come sapete, stanno accelerando cosicché nessun paese o razza ne è immune, ci sono quelli che saranno chiamati in mezzo al tumulto, e quelli che devono prendere decisioni difficili su quale sia la miglior linea d'azione da realizzare, è tempo per noi di capire dove ci inseriamo in questo

Evento Cosmico di evoluzione, esiste un legame che accomuna tutti noi e ora qui vogliamo espanderlo per dar vita a una comunione d'intenti poiché saremo testimoni e co-creatori di grandi eventi.

Per questo dobbiamo raccogliere tutte le nostre forze e aprire il cuore, che significa seguire le sincronicità, i segni, e soprattutto ciò che ci suggerisce il cuore alto e non la mente, il nostro ruolo é quello di creare unità e nuova coscienza, a quante più anime possibili affinché partecipino a un momento cardinale di transizione senza paura, con sostegno e fratellanza.

Accoglieremo coloro che vorranno unirsi a noi, qui in un luogo dove diversità di religione e di credo non vanno in contrasto, in quanto l'unico vero principio che ci unisce è l'amore e la fratellanza, e dall'agire futuro che porremo le basi di una nuova cultura.

Creeremo luoghi dove la vita si svolgerà in modo totalmente diverso, da quella vissuta in questo attuale presente, e in questo tempo poniamo in essere lo schema d'azione per realizzare quella meta nella formazione di una società pienamente consapevole dei principi universali!

La vita umana è il più grande mistero della creazione.

Là dove l'energia della Fonte prende vita e il mistero ti si svelerà nel mentre ne prendi coscienza.

Conclusioni

La nuova coscienza integra le esperienze con una sua nuova consapevolezza, coglie l'essenza dell'esperienza l'uomo che sa guardare oltre l'apparenza, egli ha la chiara visione di ciò che è nella centratura di se stesso, nel proprio fulcro di luce comprende la possibilità di rinnovare la sua veste, che lentamente si sta modificando al nuovo corpo vibrazionale.

Nuove particelle di vita si diffondono in tutto il suo essere, come in tutto l'universo manifesto e immanifesto.

Ora è il tempo, e in questo tempo che tutto sta avvenendo.

Il nuovo sentire dice all'uomo che non è solo a sostenere il passo, esseri meravigliosi di altri mondi, dove i livelli di coscienza sono superiori, sostengono amorevolmente l'umanità, e in modo delicato inviano il loro aiuto, chiedono di lasciarci fluire nel loro flusso per accompagnarci in questo delicato passaggio, in cui tutto l'universo partecipa. Essi ci dicono che ogni essere senziente, ha il diritto alla libertà per sviluppare il suo potenziale di crescita, per generare positività, ci chiedono di annichilire la conflittualità, pur aderendo alla legge dell'equilibrio e dell'amore Cosmico che unisce, e mai divide. Essi ci chiedono di ritornare semplici nel nostro cuore, di abbandonare gli attaccamenti, poiché essi sono la causa dei nostri malesseri interiori.

Solo tornando sul sentiero che conduce al nostro essere, inizia il processo di liberazione. L'attivazione dei codici che la fonte ha inserito dentro a ognuno di noi, fanno sì che l'uomo senziente si riveli come luce, per portare puro amore su questo piano dimensionale. La meraviglia sta nella consapevolezza di poterlo fare, in quanto parte nella materia di questa esistenza, la matrice sta nell'anima dove la scintilla della Fonte risuona, la stessa Fonte che chiama a gran voce i figli dell'amore liberi di Amare, ed essere Amati, per vivere il nuovo cielo, la Nuova Terra. Sia Pace, Sia Amore, Sia Felicità! Sii Amore!

Sia Pace Ovunque, in Chiunque, per Sempre!

Là dove la rosa nasce spontanea, nel giardino del tuo cuore, la sublime fragranza pervaderà su ogni cosa, ogni anima, ogni cuore, cosicché diverranno tutti i petali della stessa rosa, e dove tutte le rose saranno il grande sublime giardino del Nuovo Creato!

Vi è un luogo segreto: il bocciolo, là dove accoglierò la mia sposa celeste, e così farete tutti voi nella nuova famiglia di luce chiamata Gaia. Ella vive nell'Amore dei suoi Figli di Luce.

Se diverrai Amore, soltanto esseri d'Amore giungeranno a te! Esistono leggi di risonanza e attrazione che creano in te, un richiamo fatto del tuo stesso vibrare, determinerà quello che tu stesso porterai a te, essere cosciente di questo polarizzerà tutta la tua evoluzione! Sapere conoscere è essenziale per non generare devianze che disperderanno la tua energia vitale!

Sarai tu a ricostruire il tuo Sacro Tempio, solo tu scegli di quali divini elementi comporti. Il tuo scetticismo terminerà appena avrai la possibilità di osservare i mondi spirituali tramite l'alchimia della tua nuova visione interiore nell'occhio unico.

Nella stesura di questo testo ho menzionato più volte quella Forza Energetica che tutto crea perché venisse alla tua attenzione, una nuova considerazione di ciò che da remoti tempi definiamo Dio. Ogni atomo ogni particella che compone il tuo corpo, la

Nel cuore della creazione - L'origine

terra che abiti e la creazione tutta, è legato da forze elettromagnetiche che nella fisica quantistica viene definito il collante universale del tutto, in quanto ogni elemento è costruito da queste forze. L'amalgama che tutto contiene è manifesta!

Nulla è al di fuori di questa forza tutto ne è inglobato, quest'energia è ciò che fin dall'inizio dei tempi è nominata Creatore, ma in quel piano della pura luce non è definibile convenzionarlo come un essere, in quanto non si tratta di alcuna entità ma di un plasma omnipervadente che compenetra tutto, in tutti i piani atomici della materia e delle energie fotoniche, originate dai piani sommi della creazione, quando pensi a Dio non pensare a un essere o a qualcosa che sta fuori di te, ma a ciò che è nel tutto ma soprattutto in te stesso, in tutta la tua biologia focalizzandosi con maggiore attenzione in alcuni tuoi centri energetici e di consapevolezza!

Dio non ti ha creato! Tu hai scelto di frammentarti da te stesso poiché Dio sei tu, lassù sui piani alti del tuo essere nello Spirito non vi è separazione da tutto il resto, lassù sei Dio come lo sei qui, ma lo devi prima realizzare nella tua coscienza, in quanto tu arrivando qui realizzasti muri o veli, che ti ottenebrassero al vedere della verità superiore.

Tu sei un seme che la fonte seminò all'inizio del tempo, e ora sta per germogliare nella bellezza dei suoi fiori e dei tuoi frutti, sarai tu a decidere con quale grazia ti porrai al mondo che ti ospita in questo tempo terreno!

Lascia che questa imponente energia ti completi! Divenendo il mezzo che ti eleverà alla tua essenza.

Ognuno conosca se stesso nel proprio universo interiore, e troverà gli strumenti per conoscere l'universo e le sue infinità, affinché unisca le parti sparse per il tutto in un unico punto dentro se stesso.

Ringraziamenti

Ringrazio tutti coloro che hanno fatto parte della mia Vita, e della mia intera esistenza Cosmica, al di là di questo spaziotempo, e in questa parentesi fisica dove ho avuto le Lezioni migliori! Ringrazio tutti coloro che sembrano apparenti nemici, poiché misero in moto in me le prove più grandi. Ringrazio colei che è stata mia moglie: Giuseppina, in quanto realizzò le sfide migliori, da affrontare in questa vita e risultato di altri 5 incontri karmici. La ringrazio perché attraverso di lei ho conosciuto l'amore terreno, perché ora l'amo più di prima! E per la figlia che mi ha donato. Ringrazio i miei amici e quei pochi che non mi hanno mai abbandonato, anche nelle traversie della Vita. E coloro che realizzarono la materia del mio corpo, i miei Genitori biologici, mio Padre, Mia Madre per avermi dato solo amore, mia sorella Tiziana, punto di riferimento nei momenti bui del mio esistere.

Ringrazio la Terra per avermi ospitato attraverso le sue Ere. Ringrazio quel Me stesso che dimora là nell'altrove, per aver scelto di mandarne un'espressione qui.

Ringrazio il genere Umano perché attraverso di esso ho imparato ad Amare Me stesso e di conseguenza tutti. E ringrazio la Fonte per avermi esalato, assieme a colei che in me Dio ha realizzato, a quella scintilla radiante di puro Amore, che era il mio destino per questo piano terreno, e le dimensioni del Creato, la mia Sposa Celeste, la mia Quinta Essenza, al di là del mondo, Monica a te, mia cara offro il mio puro Amore, a te che sarai con me al di là del Mondo, per sempre e per la bellezza delle parole che mi hai donato, dove in esse come chiavi, vi hai riposto il tuo amore. E ringrazio infine nuovamente la Fonte per aver reso tutto manifesto, perché potessimo realizzare tutti la nostra Divinità.

Una tra le cose più meravigliose che ho vissuto, è che ho ritrovato in questo tempo, una moltitudine di persone, che hanno fatto parte del mio remoto passato, nel bene o nel male, tutti coloro che ho amato, le molte persone che dimorarono nel mio cuore, dove ognuna ha lasciato una traccia indelebile che ha varcato le porte del tempo, e dello spazio dimensionale comprendendo che in verità non ho mai perso nessuno! Ringrazio infine tutte le mie famiglie stellari che sono tornate in questo tempo terreno, al mio fianco!

Ho un grande desiderio

nel mio intimo luogo segreto!

Che l'umanità tutta conosca la bellezza

dei piani spirituali

e l'immenso Amore che può colmare il vostro cuore

questo vi trasmuterà in qualcosa

che non potrete mai immaginare,

ma tutto è lì ad attendervi per divenire reale.

Ci sono delle verità che non posso svelarti!

Perché la chiave, è la comprensione stessa!

E quando questo in te accadrà

Io sarò li accanto a te ad abbracciarti!

Io Dio, in Te.

Io Fonte in Te e ora chiedo a te che sei arrivato alla fine di queste pagine, comincia a osservare ciò che ti circonda, a dare il vero valore alle cose, e alle persone, che fanno parte della tua Vita. È forse questo il tempo per cambiare la tua esistenza? E infine anche di quelli che ti hanno accompagnato nel tuo cammino! Io ti dico che è il momento di agire. Fallo con il tuo primo gesto, adesso alzati e dimostra il tuo amore, il tuo vero primo atto d'Amore, tu stesso saprai come, ma fallo adesso!

E la tua vita cambierà per sempre!

Le tre leggi fondamentali della creazione:

Ama!

Amati!

E fatti Amare.

E ora tocca a te manifestare il tuo nuovo inizio!

Sarai tu a comporre le nuove note, che ti faranno vibrare di una nuova musica! Le armoniche della tua anima, l'intera creazione ti sta aspettando! La Fonte ha fermato il tempo ora sarai tu, la nuova creazione!

Dedicato a Colei che mi ridestò

dal sonno della materia

nel ritornare a essere Uno

in due Corpi distinti.

L'imponente energia che realizza

il miracolo dell'Unità nella Dualità

a Te che mi hai fatto scoprire
la magia della Vita in ogni Suo respiro
in ogni Tuo respiro, a te Monica
mia Divina Essenza Celeste!

Quando Tu Uomo scorgerai la bellezza in ogni Creatura, che contemplerai nel Tuo cammino, noterai la vera luce che ho posto in ogni forma vivente, sarà il tempo in cui scoprirai la Tua Divina Discendenza, avrai trovato la visione interiore per scorgere la via d'uscita, dall'illusione che vela la Tua coscienza, toccherai nell'intimo il Mio pensiero per farlo Tuo, comprendendo che questa era sempre stata la chiave che apre le Mille Porte della Mia Dimora.

Auguro a tutte le coppie innamorate di questo mondo di realizzare, l'amore che viviamo io e la mia amata fiamma.

Un Amore senza più confini, né di spazio, né di tempo! Imparerete ad ascoltarvi nel silenzio dei vostri sguardi!

Se la tua Anima è soddisfatta di questo testo, consiglialo a chi vorrai e ti sarai unito al nostro progetto divulgativo.

Grazie!

CHI SONO IO, CHI SEI TU!

Vai oltre l'infinità del tuo pensiero vai oltre i confini del tuo amore troverai una celeste prateria di cristalli di stelle, dove le tue gioie prenderanno vita dove il tuo amore diverrà reale dove la tua Anima comincerà a volare in spazi sconfinati oltre i portali della dualità, io non sono la materia ma in essa vivo per portare il messaggio del padre madre miei negli atomi che la compongono, io sono la luce del sole che rende la materia viva e quell'onda che riempie d'amore ogni anfratto di questa realtà e di tutti i suoi confini, dove ho posto un dono per te quando vi ci sarai arrivato, io sono l'eclissi della dualità per l'alba della luce dove tu ora sei Uno, io sono la vita e la verità io sono la luce e l'oscurità nella loro sintesi, che in un punto preciso si incontrano per far pace e lì nasce il Vero Amore in una potenza che sconvolgerà il tuo intelletto, sarà così che farai spazio per la vera compassione che non lotta più tra le due forze ma le unisce nella gloria dell'Amore che le ha sublimate, io sono il tuo pensiero poiché lì dove ci incontriamo siamo la stessa bellezza solidificata nella vita che stai sperimentando, nei tuoi drammi troverai fortuna se capirai il perché di ogni accadimento, io sono la tua linfa io sono colui che ha reso la tua presenza esistenza, immagina se io non fossi stato tu saresti stato il non esistere il non vissuto il nulla oscuro, io ti ho dato la vita il respiro la luce la bellezza di osservare tutto ciò che esiste il calore il dolore l'aria che soffia sul tuo volto la possenza della tua forza l'amore di un'unione nella carne, l'amore che nasce nell'Anima e la gloria di uno spirito che nasce in te nella sua purezza più limpida, si può rinascere ogni giorno tra un'alba e un tramonto e decidere di abbandonare ciò che non vuoi più, e di donarti anima e corpo alla Profonda Natura del Bene.

Ora hai compreso nelle tue lacrime che io sono te! Abbracciati con tutte le tue forze e scoprirai di abbracciarmi mentre io Dio Dea abbraccio Te.

Ascteion Laxta on Scedarta Etveistor Nevar

13331

Io Sono Ovunque e in Ognuno di Voi
Tutto ha un inizio,
la fine nasce da una partenza
e tu sei nel mezzo.
La mia gioia e vederti in gioia espansione
Io Amo quando tu Ami
ricorda sempre che con la tua Luce
e il tuo Amore sostieni l'Universo
un giorno alzerai gli occhi al cielo e scorgerai
quanto è pieno di miracoli
Fine.

IL VENTO DELLA GIUSTIZIA DIVINA
SOFFIA NELLE TRAME DELL'UNIVERSO

Terremoti, Uragani, acque che si innalzano negli Oceani: tutto è stato già predetto, da molto tempo, e da molteplici messaggeri cosmici.

Ciò che si sta verificando in questi ultimi tempi non è nulla in confronto a ciò che potrebbe accadere se l'essere umano non muta la propria condotta di vita.

In questa era l'uomo non rispetta il meraviglioso ecosistema che lo ha creato e che lo ospita, non rispetta gli altri esseri, piante, animali e non solo, con cui condivide la casa "Pianeta Terra", non rispetta nemmeno se stesso e i propri simili.

In questa era è destino che il Pianeta Terra muti di vibrazione e si accinga a risuonare in totale armonia con il Cristico messaggio di Amore Universale, dove ogni essere vivente parteciperà alla festa della vita in completa sintonia con il Tutto.

È molto tempo che Esseri Evolutissimi, non appartenenti a tale mondo, stimolano, mediante molteplici metodologie Superiori, l'umanità ad aprirsi alla Verità: tutto è Uno tutto è Luce tutto è Amore, tutto è effetto di un'Intelligenza Omnicreante.

La vita non è stata concepita per sopravvivere e ansimare alla ricerca di una felicità esterna, la vita è stata donata all'essere umano per partecipare al continuo processo creativo universale, compiendo opere d'Amore Incondizionato provenienti dallo Spirito, manifestando la propria Deità, rendendo la vita degna di essere vissuta nella gioia.

Oggi l'uomo è lontanissimo da se stesso.

Secondo la Programmazione Cosmica, proveniente dall'astro Sole, l'onda che porterà il rinnovamento sul Pianeta Terra sarà più o meno distruttiva a seconda del grado evolutivo medio maturato da tutti gli esseri umani terrestri.

Nel malaugurato caso in cui il livello evolutivo medio non dovesse aumentare rispetto a oggi, non potrà essere evitato un passaggio drastico e violento.

Non si tratta di punizione, non si tratta di giustizia Divina, si tratta di una mutazione Cosmica che ogni Pianeta vive, come Macro Essere, e i suoi Figli sono chiamati tutti ad assecondare tale ascensione evolutiva.

Chi non ce la fa ad aprirsi non è colpevole, non verrà castigato, gli verrà comunque fornita la possibilità di continuare la propria esperienza, reincarnandosi su Pianeti più giovani dove ancora è possibile vivere un vita nell'Incoscienza di Sè.

Tutti coloro davvero aperti all'Amore in modo consapevole e concreto, potranno continuare la loro esperienza sul rigenerato Pianeta Terra, ove verrà instaurato il promesso Regno dei Cieli; vi sarà una società Evoluta, votata all'Amore, alla Pace, al Rispetto di ogni creatura, vi sarà un naturale contatto con esseri extraterrestri elevatissimi e purissimi, Maestri nell'arte dello Spirito, ciò darà impulso a una nuova Scienza con Coscienza, al servizio di Dio e dell'armonia macro e micro cosmica.

Se il numero di esseri umani non ancora pronti a tale Cosmico passaggio sarà elevato, solo una serie di eventi fortemente critici (per altro causati dall'uomo stesso) potrà permettere il loro spostamento massivo su altri Pianeti più idonei, mediante processo di morte e rinascita fisica.

Se invece tale numero sarà piccolo, non saranno necessari eventi cosi severi, tutto muterà in modo più armonioso e sereno.

Ecco quindi, la criticità o armonicità della Transizione planetaria dipenderà solo e unicamente dall'uomo, se ognuno si apre all'Amore di sè stesso e degli altri, affrontando fino in fondo i propri blocchi spirituali, se ognuno si adopera per imparare a manifestare la propria Deità nella vita quotidiana, tutto, ma davvero tutto può cambiare in meglio.

Non vale la pena cadere nel pessimismo o peggio, nel catastrofismo, la paura non è la Via, la Via è l'Amore, la Coscienza di Sè, la Via è un'opera concreta e Cosciente di Amore Incondizionato.

Le profezie, i Segnali Esterni vogliono solo stimolare l'essere umano a trasmutare nell'amore autentico, a operare nel bene comune, i Fratelli di Luce, messaggeri del Cristo Cosmico, desiderano che tutte le creature siano redente e felici.

L'essere umano, concepito a immagine e somiglianza delle Deità Cosmiche, è molto amato nei Cieli, gli verrà data possibilità sino alla fine di correggere la propria condotta a favore di un'apertura autentica.

Adoperiamoci per il bene di tutti, partendo innanzi tutto da noi stessi, avanti!

Lavoriamo operosamente dentro di noi per un futuro migliore per tutti.

***

Quando avrai annullato le differenze avrai unito gli opposti, allora guarderai ogni essere che incontrerai con la bellezza infinita del tuo cuore, affinché noterai solo gli aspetti più belli di ciò che li caratterizza, sarai capace di inchinarti davanti alle loro brutture e di baciare il loro cuore per le loro bellezze, poiché avrai dissolto l'ego della mente e compreso che non ci sono differenze, poiché l'unica forza che si riflette nel palcoscenico del creato dagli infiniti specchi è la stessa luce dorata, come potrai mai sentirti superiore a qualcuno o inferiore ad altri se ormai sai che sono tutti te stesso, nel punto di luce oltre il tuo Sé, è là che veramente sai, ed è qui che davvero devi amarli tutti, poiché ora sai veramente che non sei altro che tu in un gioco infinito con te stesso, ma questo accade quando sai guardarti oltre la materia, oltre l'energia, e oltre ogni cognizione mentale che tu possa avere della tua persona, non c'è film più bello e sceneggiatura così eterna che possa eguagliare la bellezza del Creato in cui tu sei l'attore il regista lo sceneggiatore la comparsa colui che filma e colui che si gode lo spettacolo.

Tu sei il riflesso di una scintilla meravigliosa che dalla Sorgente proietta la sua immagine su di un corpo che vive sulla Terra, mentre stai seguendo il richiamo dell'amore che ti porterà a incontrarti con il Dio che sei, questa è la più grande opera del creato e come tanti altri che hanno trovato la forza di muovere il primo passo verso se stessi, comprenderai che il valore di una scintilla che si riaccende alla Verità non ha eguali.

***

Dio che meraviglia è la Vita!!!

Per conferenze e incontri Spirituali contattare per mail
massimiliano.steffen@tin.it oppure sms al **340 76 80 739**

Mi chiamo *Steffen Massimiliano*, sono nato l'**11 marzo 1969** nelle vallate del *Piemonte*, nell'Acquese, **Italia**.

In una nuova primavera delle reincarnazioni fisiche di questa meravigliosa *Terra*, vissi la mia esistenza fino ai miei 35 anni, come tutti, coinvolto in modo diretto alla mia vita ordinaria, passando attraverso tutte le dinamiche della vita del piano di terza densità, finché un giorno al termine di una mia non completa consapevolezza, vengo riaccolto nel grembo delle mie famiglie!

Intra terrena ed extra terrene, e in un lungo percorso di rinnovamento, portato a nuovi livelli di coscienza, che non possono avere mai termine finché saremo in vita!

In questa vita Tutti noi non smetteremo mai di scoprire
L'immenso Uno!
La fonte
L'Amore
La prima legge di creazione è l'amore che fluisce nel tuo cuore!
Tutto il resto è in conseguenza
di questa tua principale realizzazione!
Ogni Sacro e Divino principio lo accoglierai
nell'Essenza del Mio Silenzio.

Esperienza diretta di contatto nel mondo interno di Agarthi e Shamballah, abitato in altre dimensioni da creature di eccelsa levatura spirituale e tecnologica, che sostengono l'evoluzione umana di superficie in alleanza con altri popoli cosmici che hanno raggiunto la consapevolezza della Legge Universale di Unità Armonia e Amore.

Immagine Sabina Pavan pag 34

pag 51

Immagine Angela Coraci pag 18

Immagine Angela Coraci pag 104

Finito di stampare nel mese di Dicembre 2016
per conto di Youcanprint *Self-Publishing*

www.ingramcontent.com/pod-product-compliance
Lightning Source LLC
Chambersburg PA
CBHW071704090426
42738CB00009B/1650